Giuseppe Agnello

Il mistero dell'Inferno e la redenzione universale in Cristo

AF548825

Giuseppe Agnello

Il mistero dell'Inferno e la redenzione universale in Cristo

Dalla Rivelazione biblica alla fede dei Santi, passando per la riflessione teologica contemporanea

Edizioni Sant'Antonio

Imprint
Any brand names and product names mentioned in this book are subject to trademark, brand or patent protection and are trademarks or registered trademarks of their respective holders. The use of brand names, product names, common names, trade names, product descriptions etc. even without a particular marking in this work is in no way to be construed to mean that such names may be regarded as unrestricted in respect of trademark and brand protection legislation and could thus be used by anyone.

Cover image: Fornito dall'autore

Publisher:
Edizioni Accademiche Italiane
is a trademark of
International Book Market Service Ltd., member of OmniScriptum Publishing Group
17 Meldrum Street, Beau Bassin 71504, Mauritius

Printed at: see last page
ISBN: 978-613-8-39137-1

Copyright © Giuseppe Agnello
Copyright © 2018 International Book Market Service Ltd., member of OmniScriptum Publishing Group
All rights reserved. Beau Bassin 2018

P. Giuseppe AGNELLO

IL MISTERO DELL'INFERNO E LA REDENZIONE UNIVERSALE IN CRISTO

PRESENTAZIONE

Il lavoro che ségue è nato dal desidèrio di approfondire una verità di fede apparentemente marginale (l'esistenza dell'Inferno), che soprattutto nel XIX e XX sècolo è diventata un tabú della catechesi o un sorrisino della Teològia piú intraprendente.

L'avér partecipato personalmente a conferenze o predicazioni nelle quali l'inferno è predicato vuoto e la Misericòrdia è predicata cieca, con relativo annullamento della Giustízia di Dio; e l'avér sentito proferire ad una suora che mi vendeva un libro sull'argomento: « Ma l'inferno non esiste!!», mi hanno potentemente stimolato a rintracciare la "verità dimenticata" nella Scrittura, nei Padri, nel Magistero, nella Liturgia, nella Catechesi e nella Teològia contemporànea, allo scopo di evidenziare l'importanza di mantenere il legame con la fede apostòlica per mezzo delle stesse immàgini che i Padri ci hanno trasmesso. Il *descensus ad inferos,* da questo punto di vista, apparirà non "Trionfalismo soteriològico" come superficialmente lo si è accusato, ma "Trionfo del Dio umanato" che non ha perso la sua unione ipostàtica con l'ànima di Gesú. Con essa il Verbo incontra l'umanità dei defunti da Giúdice e Signore, non per ismània di teatralità imperiale, ma perché còmpie anche questo atto a vantàggio di quell'umanità antecristiana che ha dialogato col Verbo (nella coscienza) ancór prima della sua Incarnazione. Non a caso Joseph Ratzinger ha parlato di «eternità dialògica» che scende nella solitúdine per antonomàsia che è lo Sheol. In questa discesa, come vedremo, si realizza anche la condanna di chi «l'eternità dialògica» l'ha sempre rifiutata, fino all'último respiro, e di cui parla san Pietro nella sua prima epístola (1 Pt 4, v.6).

Con questa categoria abbiamo recuperato tutte le immàgini dei Padri della Chiesa sul *descensus*, senza minimizzarle o volerle superare, ma approfondèndole e provando a riequilibrare il tema dell'abbandono, al fine di allontanarci dal pensiero di quella teològia che, con l'intento di tradurre esistenzialmente certi dommi, se ne allontana e li snatura.

A partire da questo artícolo di fede, poi, è stato anche piú fàcile distínguere tra Ínferi e Inferno.

Con l'aiuto del professore Emanuele Di Santo, a cui rinnovo per iscritto il mio gràzie, ho potuto mèglio méttere órdine nella vastità di notízie che raccoglievo, comprimendo altresí un lavoro che non poteva superare le pàgine concesse a un artícolo e che molti temi e implicazioni semplicemente accenna.

Questa mia riflessione si conclude con poche ma significative considerazioni sulla Madre di Dio, che ha vinto l'Inferno e che i padri di Èfeso hanno chiamato giustamente "Debellatrice di tutte le eresie". Sia Ella la piú onorata da questa mia fatica, visto che anch'io, come sant'Alfonso de' Liguori, posso dire che la sua dolcíssima mano mi ha liberato dal mondo e dall'inferno.

Messina, 30 Aprile 2014

SOMMARIO

ABBREVIAZIONI E SIGLE

A. AA = autore, autori
a. = articolo
ACO = Acta Concíliorum Oecumenicorum
BC = Bibbia CEI
cap., c.; capp, cc, = capitolo, capitoli
CCC = Catechismo della Chiesa Cattolica
cfr = confronta
cit. = citato
Eccli = Ecclesiastico (nome latino del Siràcide)
Ed. = Editrice
ed. = edizione
(ed.), (edd) = curatore responsabile, curatori responsabili di un'opera in collaborazione.
EV = *Enchiridion Vaticanum, Documenti ufficiali della Santa Sede*, Dehoniane, Bologna 1962-2002.

DS = H. Denzinger - Schönmetzer
DThC = Dictionnaire de Théologie Catholique
Ibidem = stessa Autore e stessa Opera citati nella nota immediatamente Precedente
infra = vedi sotto
l. = libro
IDEM = stesso autore citato nella nota immediatamente superiore
L.E.V. = Libreria Editrice Vaticana
LG = CONCÍLIO VATICANO II, *Lumen gentium*. Costituzione dommatica sulla Chiesa, 21 Novembre 1964, in: EV 1, 284-445.
LO = Liturgia delle Ore secondo il Rito Romano
LXX = versione greca dei Settanta
n., nn = numero, numeri
NBA = Nuova Biblioteca Agostiniana
PG = J. P. MIGNE (ed.), *Patrologiae cursus completus. Series Graeca*, Migne-Garnier, Parigi 1857-1886.
PL = J. P. MIGNE (ed.), *Patrologiae cursus completus. Series Latina*, Migne-Garnier, Parigi 1844-1864.
p., pp = pagina, pagine
trad. it = traduzione italiana, tradotto in italiano
SpT = *Sperare per tutti con l'aggiunta di Breve discorso sull'Inferno*
SC = CONCÍLIO VATICANO II , *Sacrosanctum Concilium*. Costituzione sulla sacra liturgia, 4 Dicembre 1963, in: EV 1, 1-244.
S.Chr. = *Sources Chrétiennes,* Du Cerf, Parigi 1941 ss.
Supra = vedi sopra
v. = vedi

INTRODUZIONE

Il lavoro che ségue si propone di valutare le soluzioni proposte per conciliare il tema della Redenzione universale di Cristo col mistero dell'Inferno inteso come fatto, e non già come possibilità, dal momento che la prescienza di Dio ne parla anche in questi tèrmini.

Gli studî attuali si attèstano sull'inconciliabilità concettuale, che tende ad eliminare o svuotare uno dei poli di tensione, con nuove apocatàstasi mascherate. Il recúpero della riflessione dei Padri e Dottori della Chiesa, allora, ha cercato di mostrare un equilíbrio migliore nei tentativi teològici di soluzione, mostrando che né la *Theologia Crucis* di Barth e dei suoi ammiratori, né la *teològia dell'abbandono* del Fíglio da parte del Padre pòssono costituire una risposta cattòlica al tema.

Si è scelto il *Descensus ad inferos*, come *focus* dei dati bíblici, patrístici, teològici, spirituali sulla fede della Chiesa nella Misericòrdia e Giustízia di Dio che nella Persona del Fíglio raggiunge anche chi vive fuori dai confini del suo Corpo místico.

Mentre, cioè, si rifletteva sulla salvezza attraverso il Sacrificio-Battésimo del Giusto, che può èssere rifiutato da un no definitivo che scèglie l'Inferno, si sono date, nell'último capítolo, le condizioni della vittòria dei redenti (cooperazione e perseveranza) e dell'inclusione nella salvezza dei non cristiani (preghiera e penitenza).

I límiti del lavoro sono i molti argomenti complementari al tema, toccati solo tangenzialmente; ma il risultato raggiunto làscia sperare in una riscoperta del pensiero patrístico attualizzato nella speculazione e nella catechesi attuali.

CAPITOLO PRIMO
L'UNIVERSALITÀ DELLA REDENZIONE E IL MISTERO DI CRISTO *DESCENSUS AD INFEROS*[1]

La certezza di fede che Dio vòglia salvare tutti e in Cristo Gesú la salvezza sia offerta a tutti, mediante la sua passione morte e risurrezione, è un dato sostenuto dalla Rivelazione racchiusa nella Sacra Scrittura (1Tim.2,4); compreso dagli Apòstoli nel loro stesso ministero (At 10,34-36); accolto e commentato dai Padri; sancito decisamente dai Concilî[2]; vissuto e indubitato dai Santi. Gli studî sul Quarto Vangelo, in modo speciale, sono attenti al valore soteriològico di varî versetti giovannei[3] fra cui spicca l'espressione «*offrire la vita per*» «*i nostri peccati*» (1Gv2,v.2)[4]. A questa verità, tuttavia, di rappresentanza universale e sostituzione vicària[5], si lega anche quella della dannazione, cioè della perdizione di molti (Mt 7,v.13 e Ap 20,9-10), in modo apparentemente stridente. È, infatti, verità altrettanto certa che «*non tutti si sàlvano*»[6] e che l'inferno è una realtà, prima che una possibilità, e non è un rìschio scongiurato[7].

Sòrgono a questo punto delle domande a cui si proverà di dare una risposta sempre piú definita.

¿Quale sorte è toccata a coloro che sono morti prima della venuta di Cristo? ¿Quale la retribuzione di coloro che non l'hanno conosciuto dopo la sua

---

[1] Sul tema cfr la voce "*Descente de Jésus aux enfers*" curata da A. INGOLD, in: A. VACANT - E. MANGENOT - E. AMANN, *Dictionnaire de Théologie catholique*, *IV/1*, Librairie Letouzey et Ané, Paris VI [3]1924, 566-620.

[2] Il Concílio di Arelate nel 475 (Cfr DS 332, p.117); quello di Carísia nel'853; quello di Lione nel 1490 (DS 858); quello di Trento nella sess. VI, al cap. 2. (DS 1522, p.369).

[3] Gv 11, 50-52; Gv 17,19 come 10, 17; ma anche Gv 6, 51; Gv 10, 11.15;

[4] Cfr A. CASALEGNO *L'espressione «offrire la vita per» di Gv 10, 11.15 nel contesto della soteriologia giovannea*, in: GIUSEPPE MANCA (ed.), *La redenzione nella morte di Gesú. In diàlogo con Franco Giúlio Brambilla*, San Pàolo, Cinisello Bàlsamo 2001, 85-110.

[5] Non si può insístere solo sulla preposizione υπέρ («a favore di» «in benefício di») senza ricordare l'altra preposizione definitòria dell'agire di Cristo: αντί = «in sostituzione» (Mt 2,22); «al posto di» (Lc11,11 ed Eb 12,2), visto che «È lui la víttima di espiazione per i nostri peccati; non soltanto per i nostri, ma anche per quelli di tutto il mondo» (1 Gv 2,2); «in continuità» o «in corrispondenza» (Gv1,16); «in equivalenza» (Mt 5,38 e 1Ts 5,15).

[6] Concílio di Carisia dell'853, al cap.3 : «*licet non omnes salventur*» (DS 623).

[7] Karl Barth e Paul Ricoeur, invece, vanno proprio in questa direzione divenuta affascinante per molti cattolici.

venuta? ¿Come dipanare la verità sull'Inferno nelle sue sfaccettature? ¿La discesa di Cristo agli Ínferi può dare una risposta esaustiva a queste domande?

Per rispòndere a questi interrogativi è necessàrio riflèttere a partire da ciò che la Chiesa crede, non solo da ciò che Israele ha via via pensato dello Sheol. Questo almeno per quattro motivi: 1) evitare le acutizzazioni della "teològia dell'abbandono"[8]; 2) recuperare la lettura che i Padri[9] facèvano della Discesa agli ínferi, sempre attuale se non la graviamo dei pregiudizî di certa esegesi contemporànea[10]; 3) parlare della morte cristiana non con la paura che contraddistíngue i non cristiani; 4) ipotizzare un modo in cui l'único Salvatore contínua a raggiúngere e salvare i non battezzati.

---

[8] Presente anzitutto in pensatori protestanti (Lutero, Calvino, Bultmann, Barth e Moltmann), quindi in autori cattòlici come Hans Urs von Balthasar, di cui parleremo avanti, e come Chiara Lubich e Bruno Forte. Quella, pur esagerando sul Gesú fàttosi "nulla", si límita a parlare di "*Abbandono reale*", per l'umanità di Cristo, solo sulla croce e non già negli ínferi; e di *"Abbandono irreale"* per la sua divinità sempre una cosa sola col Padre e con lo Spírito (Cfr Chiara Lubich, *Il grido*, Città Nuova. Roma [6]2002, 19-25); questi, invece, arriva ad affermare che nel grido di Gesú sulla croce oltre che l'abbandono del Padre sia presente l'incomprensione che Egli ha del senso del soffrire: «La domanda è càrica del tormento che attraversa la sofferenza, il travàglio di non comprènderne il senso. Nell'interrogativo del Fíglio risuona l'angòscia di tutti i sofferenti della stòria: anche per il Crocefisso la sofferenza è un mistero! L'interrogativo nasce dall'esperienza di un reale abbandono, dall'assenza e dal silènzio di Colui, del quale il Nazareno piú avrebbe atteso la presenza nell'ora della Croce, a garanzia della sua attestazione messiànica...» (Cfr Bruno Forte, *Gesú di Nazaret, Stòria di Dio, Dio della Stòria. Sàggio di una cristològia come stòria*, San Pàolo, Cinisello Bàlsamo (Milano) 1981, 29.). Colui "per mezzo del quale tutte le cose sono state create" non conoscerebbe la creatura e ciò che subisce, perché, secondo il Forte, quello che la tradizione chiama "scienza dei beati" Gesú non la possedeva, sennò saremmo in una sorta di Monofisismo psicològico (sic). Per un'anàlisi crítica piú dettagliata del sàggio, cfr G. DE ROSA, *Anàlisi crítica di un singolare Sàggio di Cristològia*, in: "Divus Thomas", 1986/198, 3-133.

[9] In D. PETÀVIO, *Theologicorum Dogmatum*, De Incarnatione, Luigi Pavino,Venèzia 1724, l. XIII, capp XVI-XVII, pp 190-199, vi è ricca messe di testimonianze di Padri greci (c.XVI) e di Padri latini (c.XVII), che evito di riportare.

[10] Mi riferisco al cosiddetto "Trionfalismo soteriològico", come lo chiama Hans Urs von Balthasar, che, secondo il Moltmann, sarebbe l'èsito del "chiliasmo polítíco" postcostantiniano. Senza occhî distorti, esso si può chiamare "Trionfo del Dio umanato", la cui ànima resta unita ipostaticamente alla persona del Verbo, in quel mistero che la Chiesa chiama «discesa agli Ínferi» e che ogni uomo sperimenta nella realtà della morte, quando l'ànima incontra il suo creatore per il giudízio particolare. Notiamo la differenza tra l'ànima di Gesú unita al Verbo e la nostra ànima: la perfezione dell'innocenza e della carità è il Vangelo che entra nelle realtà invisíbili da Giúdice; le nostre ànime, invece, ci èntrano per èssere giudicate. Della fede e nella fede non si può dire con U. Vanni che la discesa sia metàfora o símbolo di salvezza universale, perché «*immaginando Cristo che si presenta nel regno dei morti a portare il suo annúncio di salvezza, si esprime con chiarezza plàstica l'offerta della salvezza fatta a tutti*» (In: Idem, *Lèttere di Pietro, Giacomo, Giuda*, Edizioni Paoline, Roma 1974, p. 60). La fede vede, sia pure attraverso uno spècchio; non immàgina! E quando a parlare del Dilà è chi deve confermarci nella fede (1Pt 3, 18-22 e 4,6), non ha dubbî sul Trionfo del Vangelo.

1.1. **Il Sàbato Santo e la salvezza nel silènzio**

La distinzione di retribuzione tra giusti ed empî non avrebbe di per sé bisogno della discesa di Cristo agli ínferi (l'uomo creato ha sempre avuto quella che noi oggi chiamiamo "la voce della coscienza", a cui dir sí o no in risposta al Dio nascosto), ma l'apertura alla *visio Dei* sí: ha bisogno di questo atto positivo del Fíglio[11], perché Dio stesso vuole che si incontri non la sua Trascendenza indicíbile, ma il suo volto visíbile in Cristo Gesú. I Padri della Chiesa, infatti, ne sono implicitamente consapévoli e Pàola Zavatta fà notare che

> «Il contenuto dottrinale del *descensus* si esplícita in tre temàtiche, talora compresenti nei Padri, specialmente le prime due: 1) *il tema della predicazione della salvezza*; 2) *il tema del battésimo* (amministrato ai giusti dell'AT); 3) *il tema del combattimento* (assoggettamento dell'inferno e vittòria del demònio)»[12].

La Parola di Dio, o Logos, raggiunge la sua pienezza non in ogni creatura, che pure parla di Lui, ma in Gesú Cristo incarnazione di Dio. La sua voce, stòrica e visíbile in maniera personale, doveva dunque annunciare Sé stessa, pienezza di rivelazione anche ai morti che hanno conservato in vita un certo diàlogo con Essa, non ancora incarnata.[13] Questa esplosione di luce e di

---

[11] E nell'oggi della Chiesa di un atto positivo del Corpo místico di Cristo: atto che si chiama "battésimo". L'uso di battezzare i bimbi appena nati, pochi giorni dopo (come accadde a santa Teresina) non dice, perciò, la paura dell'inferno per un innocente, benché piú di uno l'àbbia creduto, ma l'importanza di vedere il volto di Dio nel Fíglio redentore, anziché avere assicurata una giòia edènica, che, "a chi molto è stato dato", non può bastare.

[12] P. ZAVATTA, *La teològia del Sàbato Santo,* Città Nuova, Roma 2006, 51-52. Se confrontiamo il CCC ai nn 632-635, notiamo che ancora oggi la Chiesa crede che Cristo discese con la sua ànima negli ínferi, non come peccato, ma come Salvatore; per ridare la visione di Dio a chi ne è privo; per annunciare il Vangelo di salvezza ai morti; per liberare le ànime dei giusti e ridare la vita.

[13] Ossia i giusti morti prima di Cristo e in particolare i profeti di cui parla 1 Pt 1,11: «lo Spírito di Cristo... era in loro, quando prediceva le sofferenze destinate a Cristo e le glòrie che le avrebbero seguite » (1Pt 1,11). Non mancano giusti e pii neanche fra i pagani, dunque, come spiega sant'Agostino nell'Epístola 102 alla domanda-obiezione-citazione di Porfírio: «¿Che cosa avvenne ... delle innumerévoli ànime, che non avèvano assolutamente alcuna colpa, dal momento che Colui, al quale avrèbbero potuto crèdere, non aveva ancora concesso agli uòmini la gràzia della sua venuta?» (Ep. 102, 8). L'Ipponate risponde che la salvezza universale di Cristo ha raggiunto in ogni tempo chiunque àbbia ascoltato la verità, mantenèndosi legato all'oggetto santo del suo culto e dissociàndosi da quelle cerimònie "sacre" evidentemente immorali. «Per sapere quali cerimònie sacre si addicéssero all'Èssere Supremo, lo comprésero

salvezza bidirezionale rende anche piú comprensíbile "il giorno" di *visio* di cui parla Gesú nel Vangelo di san Giovanni:

> «[56]Abramo, vostro padre, esultò nella speranza di vedere il mio giorno; lo vide e fu pieno di giòia». [57]Allora i Giudei gli díssero: «Non hai ancora cinquant'anni e hai visto Abramo?». [58]Rispose loro Gesú: «In verità, in verità io vi dico: prima che Abramo fosse, Io Sono». » (Gv 8,56-58).

In Gesú Cristo voce-parola-battésimo-salvezza e vittòria sul Maligno coincídono.

Cristo è «*l'eternità dialògica*» e chi ha parlato con Dio in vita, continuerà a farlo dopo la morte: «*Chi crede è in diàlogo con Dio, il quale è vita e sopravvive alla morte*»[14]. Cosí è accaduto fin dall'inízio della stòria, perché « *Egli , allo stesso tempo, costituisce il modo che ha Dio di rivòlgere la parola a noi, è "parola di Dio"*»[15]. Con l'Incarnazione, però, la parola si fà «carne» e relazione con l'intera stòria umana. La conversione[16], la penitenza, la fidúcia nell'Invisíbile, l'umiltà e la solidarietà che «da fede a fede»[17] (Rm 1,17) hanno accompagnato le generazioni antecedenti l'Alleanza sinaítica e Gesú, tròvano

bene coloro che si atténnero alla volontà di Dio. Questa poi non mancò mai di salvare gli uòmini giusti e pii» (Ep.102, 10), perché « il Verbo esisteva sempre uguale anche prima che propagasse il pòpolo ebràico per mezzo del quale voleva prefigurare, coi símboli più appropriati delle loro cerimònie sacre, la manifestazione della pròpria venuta. . .Il Verbo è sempre l'idèntico Fíglio di Dio, eterno come il Padre, immutàbile Sapienza dalla quale è stato creato il mondo universo e per la cui partecipazione ogni ànima razionale diviene beata» (Ep.102, 11). «Perciò fin dai primordî del gènere umano tutti coloro i quali hanno creduto in Lui e in qualche modo L'hanno conosciuto o hanno menato una vita pia e giusta conforme ai suoi precetti, in qualsíasi tempo e luogo síano vissuti, senza dúbbio si sono salvati per mezzo di Lui» (Ep.102, 12). Non il culto pagano e idolàtrico li ha salvati, dunque, ma la docilità al volere di Dio riconosciuto in coscienza. Si veda: NBA, XXI, pp 959.961.963.

[14] J. RATZINGER, *Perché siamo ancora nella Chiesa*, Rizzoli, Milano 2008, 79.

[15] *Ibidem*, 78.

[16] La conversione ha essa stessa i suoi gradi di orientamento a Cristo, ma è sempre motivo di salvezza, sia nel caso dei Niniviti (Cfr Gio 3, 1-10), sia nel caso di chi sa farsi come i bambini (Mt 18,3), sia in chi arriva al desidèrio del battésimo in Cristo (At 2,38-39). Cosí la penitenza come giustízia mínima per èssere graditi agli occhî di Dio (Gn 6, 9; Gn 18,26;); l'ascolto e la fidúcia nell'Invisíbile (Gn 5, 22), l'umiltà (Gn 16,9; Mt 15,27), la pazienza come speranza di una ricompensa futura; la solidarietà (Gn 12,5; Gn 14,13-16;), l'ospitalità verso i pellegrini (Gn 18, 1-5, Gn 19,1-3; Gs 6,17; Eb 13,2); e, in última anàlisi, la possibilità offerta a tutti di riconòscere la grandezza di Dio e la dignità-piccolezza dell'uomo (Rm 1, 18-23), sono tutti *Sèmina Verbi* o presenza dell' «eternità dialògica».

[17] Il passo è di difficile interpretazione, ma la tendenza è quella di interpretare: « dalla fede nel Cristo venturo alla fede nel Cristo venuto», il che nel primo caso include ogni uomo precristiano ed estraisraelítico proteso verso un futuro di salvezza che rende migliore il suo presente non ancora redento e quello dei suoi connazionali.

pienamente senso e realtà penitenziale e battesimale nella vita nel Cristo professato, che però, pròprio perché «cuore del mondo», ha raggiunto con i frutti della sua redenzione anche le generazioni dei patriarchi e dei profeti. In quest'òttica, pertanto, si trova risposta ad alcuni dei quesiti sú posti circa la sorte di chi non ha conosciuto Cristo prima o dopo la sua venuta: qualunque diàlogo con Dio, avanti o dopo Cristo, conoscendo o ignorando Cristo; qualunque richiamo alla conversione, per mezzo di saggî pagani o di profeti del pòpolo eletto, è sempre legame con Colui che è «la resurrezione e la vita» (Gv11,v.25)[18].

La nostra umanità non può conòscere realtà spirituali se non con un linguàggio di immàgini o con la narrazione visiva e plàstica della verità che ci súpera[19].

Nel mistero della "morte di Dio", liturgicamente ricordato nel Sàbato Santo, c'è anche il mistero del battésimo nella morte di tante persone che in vita non hanno avuto il battésimo, senza loro colpa. I Padri hanno usato immàgini eloquenti per dire questo, pur limitàndone la portata alle conoscenze del pròprio tempo. Il «*discese agli ínferi*» del Credo apostòlico esprime con imprecisa traduzione, secondo Joseph Ratzinger, il passàggio dall'èsserci al non èsserci nella percezione di ogni vivente e, dunque, «*la radicale solitúdine, il completo abbandono*»[20] dell'uomo e la paura «*dell'inquietúdine e della sospensione della pròpria essenza, che non può èssere superata razionalmente*»[21], ma solo quando si sente un tu vicino che parla e la sua presenza che ci ama. La morte, allora (o

---

[18] Resta semmai il problema sollevato dalla promessa di resurrezione che fà Gesú solo a chi màngia la sua carne e beve il suo sangue (Gv 6,54). Forse, le vie segrete della Misericordia che invia la Chiesa *Ad gentes* «per èssere "sacramento universale di salvezza"» (Cfr EV 1, nn 1087-1089, pp 1055 e 1057), laddove esse, "senza loro colpa" non fossero state raggiunte, faranno diventare i canali della grazia della Chiesa Cattolica (= i Sacramenti), che è il giardino di Dio, un mare invisibile che salva dalle omissioni degli appartenenti al giardino, secondo quanto dice Sir.24, 30-31.

[19] Nel libro VIII delle sue Rivelazioni, al cap.48, santa Brígida di Svezia riferisce queste parole della Giustizia Divina: « Queste cose che ti son mostrate non sono corporali, ma spirituali; infatti né l'angelo né il diàvolo hanno corpo, ma cosí accade perché tu non puoi capire le cose spirituali se non per mezzo di immàgini corporali» (*Ciò che disse Cristo a Santa Brígida. Le rivelazioni*, San Paolo, Cinisello Balsamo (Milano) 2002, 193).

[20] J. RATZINGER-BENEDETTO XVI, *Perché siamo ancora nella Chiesa*, Rizzoli, Milano 2008, 65.

[21] *Ibidem*, 66.

lo Sheol come solitúdine per antonomàsia) è vinta da questa presenza o comunione: Gesú, speranza e fede, tu di Dio e voce che ci raggiunge nella nostra piú grande solitúdine umana che è la morte-inferno. Egli, di cui si dice che è «l' Amore» (1Gv 4,8) e «la Risurrezione e la Vita» (Gv 11,25), ha vinto cosí la morte e la paura della morte con questa sua "discesa agli ínferi", perché d'ora in avanti si potesse morire in Cristo e non in una solitúdine opprimente.

Possiamo conclúdere, allora, questa prima riflessione sulla redenzione universale, con le acute osservazioni del Galot:

> «Questa vittòria non sopprimeva lo stato di morte, poiché il corpo di Gesú rimaneva nella tomba. Era una vittòria sulla morte nella morte stessa. La morte diventava il quadro della prima glorificazione, quella dell'ànima. Cristo apre cosí la via a tutti gli uòmini che prima della risurrezione dei corpi rimarranno nello stato di morte, ma godranno della glòria con la beatificazione dell'ànima. Lo stato intermèdio vissuto dal Salvatore è servito da prelúdio allo stato escatològico intermèdio che appartiene agli eletti: quello che Gesú ha vissuto durante i «tre» giorni è ormai vissuto dalla folla innumerévole di beati durante il lungo período che conduce l'umanità verso la fine del mondo.
> Questa prima glorificazione di Cristo illúmina la continuità esistente tra morte e risurrezione. Lo stato di morte che, fin dal primo istante, è stato per Gesú uno stato glorioso, è giunto alla consumazione di questo stato glorioso nella resurrezione e poi nell'ascensione. La pienezza di vita divina, che aveva invaso l'ànima di Cristo, si è comunicata al suo corpo. La risurrezione è la ripercussione, nella carne ridotta allo stato di cadàvere, di ciò che si era prodotto per l'ànima»[22].

1.2. **Il dato bíblico sul *descensus***

La discesa agli ínferi dice qualcosa sulla redenzione universale, e dice un fatto, tanto quanto l'Incarnazione e il ministero di Gesú Cristo; le parole e il sàngue da Lui effuso per noi sulla croce, morendo volontariamente «mortem autem crucis» (Fil 2,8), non di morte naturale[23].

---

[22] J. GALOT, *La vittoria di Cristo sulla morte,* in: "La Civiltà Cattolica" 138 (1987), II, 124.

[23] È vero che sant'Ambrògio, nel *De bono mortis* (II,3) parla di tre tipi di morte (mors peccati, mors mystica et mors naturalis) e della *mors naturalis* dà la definizione di *animae corporisque secessio*, nella quale ogni fine vita rientrerebbe, tuttavia ci permettiamo di notare che gli omicidî, i suicidî, gli incidenti stradali mortali, e anche le morti per malattie fulminanti sono unànimemente considerati "innaturali" o violente. Il fatto, lungi dal fuorviarci, aprirebbe qui l'interessante riflessione sul peccato originale e sull'ingresso della morte nella stòria dell'umanità, cosí come quella sulla condizione dell'uomo prima della caduta e sui suoi doni preternaturali (tra cui l'immortalità). È sufficiente in questa sede evidenziare che la morte di Cristo nel supplízio della croce, e non in modo naturale (perché una morte violenta non è morte naturale!), si è realizzata perché faceva parte del suo progetto esistenziale di redenzione. L'

La Sacra Scrittura ha molti passi sull'argomento, ma senza la Tradizione sarebbe muta o non correttamente eloquente. Prima di vedere che lettura dièdero i Padri di tali dati, facciamo allora una carrellata dei documenti scritturístici[24].

Il Vangelo, che è luce e chiave ermenèutica per tutta la rivelazione, parla solo di morte, sepoltura, resurrezione nel terzo giorno e ascensione al cielo del Signore. Sembrerebbe mancare il *descensus*, dunque, ma non è cosí. Procedendo con órdine, e sapendo che tutte le Scritture dànno testimonianza al Fíglio di Dio (Gv 5,39), vediamo come nell'Antico Testamento la profezia ci dice di un ingresso regale nel luogo dalle sòglie eterne:

> «Alzate, o porte, la vostra fronte,/ alzàtevi, sòglie eterne, / ed entri il re della glòria. /¿Chi è questo re della glòria? / Il Signore forte e valoroso, / il Signore valoroso in battàglia. / Alzate, o porte, la vostra fronte, / alzàtevi, sòglie eterne, / ed entri il re della glòria. » (Sal 24 [23],7-9)

e anche del ritorno da quel luogo che non è un palazzo regale ma una fossa: «Signore, hai fatto risalire la mia vita dagli ínferi, / mi hai fatto rivívere perché non iscendessi nella fossa» (Sal 30[29],4). Da esso si ha certezza di risalire: «Certo, Dio riscatterà la mia vita, /mi strapperà dalla mano degli ínferi» (Sal 49[48],16); e si canta già e per sempre il gràzie per questa risalita[25].

Nell'Ecclesiàstico, la Vulgata riporta l'òpera della Sapienza che giunge fin nei recessi sotterra per illuminare chi spera in Dio[26]. Zaccaria, parlando del re di Gerusalemme che ha da venire come portatore di pace, dice che libererà i

---

"autem" del testo latino di Fil 2,8 ci sembra sottolineare pròprio questo, insieme a quel passo di san Giovanni in cui si vede, in croce, la volontà di consegnare la vita per adempiere le Scritture (Cfr Gv 19,28-30).

[24] Sul tema cfr la voce "*Descente de Jésus aux enfers*" curata da A. INGOLD, in: A. VACANT - E. MANGENOT - E. AMANN, *Dictionnaire de Théologie catholique, IV/1*, Librairie Letouzey et Ané, Paris VI [3]1924, 575-578.

[25] Cfr Sal 86[85],13; 107[106],16, da leggere alla luce di Sal 139[138], 7-10, dal momento che Egli è presente ovunque.

[26] «Penetrabo omnes inferiores partes terrae et inspiciam omnes dormientes et illuminabo omnes sperantes in Domino» (Eccli, 24,45). Il versetto è scomparso nella Bibbia CEI (BC) benché si contínui a privilegiare il testo lungo del Siràcide. Della scomparsa di questo versetto non si rende conto nemmeno nell'apparato crítico, che segnala dove la traduzione si discosta dalle lezioni della Nova Vulgata curata da J. Ziegler. In BC il v.45 succitato sarebbe dovuto collocarsi fra i vv 32-33.

prigionieri nel pozzo senz'acqua[27]; e Osea promette cosí una vittòria su tutti i nemici che riscatta persino dalla morte[28].

Nel Nuovo Testamento troviamo piú esplíciti riferimenti in san Matteo, dove Gesú stesso parla di questo mistero:

> «Una generazione malvàgia e adúltera pretende un segno! Ma non le sarà dato alcún segno, se non il segno di Giona il profeta. Come infatti Giona rimase tre giorni e tre notti nel ventre del pesce, cosí il Fíglio dell'uomo resterà tre giorni e tre notti nel cuore della terra. » (Mt 12,39-40).

Nell'Apòstolo delle Genti, la fede nell'Incarnazione e nella discesa agli Ínferi, primo atto della resurrezione, è espressa retoricamente cosí ai Giudei:

«Invece, la giustízia che viene dalla fede parla cosí: Non dire nel tuo cuore: *¿Chi salirà al cielo?* – per farne cioè discèndere Cristo –; oppure: *¿Chi scenderà nell'abisso?* – per fare cioè risalire Cristo dai morti» (Rm 10,6-7); e contínua altrove: «¿Ma che cosa signífica che ascese, se non che prima era disceso quaggiú sulla terra? Colui che discese è lo stesso che anche ascese al di sopra di tutti i cieli, per èssere pienezza di tutte le cose» (Ef 4,9-10). San Pàolo afferma la signoria di Gesú Cristo, nel cui nome «ogni ginòcchio si pieg*a* nei cieli, / sulla terra e sotto terra[29]» (Fil 2,10), «avendo privato della loro forza i Principati e le Potenze» con la potenza della croce (Col 2,15).

Piú decisivi ancora, benché la recente esegesi vòglia squalificarli[30], i passi indiretti o diretti della fede apostòlica di san Pietro. In At 2, 24-31, san Luca

---

[27] «Quanto a te, per il sangue dell'alleanza con te, estrarrò i tuoi prigionieri dal pozzo senz'acqua» (Zac 9,11).

[28] «Li strapperò di mano agli ínferi, / li riscatterò dalla morte. / ¿Dov'è, o morte, la tua peste? / ¿Dov'è, o ínferi, il vostro stermínio? » (Os 13,14). La traduzione italiana mortífica a nostro parere la forza del secondo emistíchio del v.14, che latinamente suona: «ero mors tua, o mors; morsus tuus ero, inferne» (=Sarò la tua morte o morte; sarò il tuo morso, inferno»; ma ha il prègio di recuperare il testo dei LXX che citerà san Pàolo: «ποû η δίκη σου, θανάτε; ποû τὸ κέντρον σου άδη;».

[29] "E sotto terra" è nella Vulgata "infernorum" e nei còdici greci "καταχθονίων". Entrambi sono dei genitivi di specificazione di "ogni ginòcchio"(= delle [realtà] ínfere; delle [realtà] sotterrànee).

[30] Il Maas si fà portavoce di questa tendenza, appellàndosi ai cap. 6-16 del cosiddetto Libro etiòpico di Enoch, come chiave di lettura di 1Pt 3,19 e 4,6. Cfr WILHELM MAAS, *«Discese all'inferno». Aspetti di un artícolo di fede dimenticato*, in: "Communio" 55 (1981), 24. Notiamo che l'idea di oggi non può spazzare via il caràttere probante che i Padri dàvano, ad eccezione di sant'Agostino, a 1 Pt 3,19 sul tema del *descensus*.

riferisce l'esegesi del Salmo 15, v.10, per bocca di Pietro; e in 1Pt 3, (si osservi bene il v.19), è l'Apòstolo stesso, sempre annunciando il kerigma, a spiegare da che dipenda la potenza del battésimo:

> «[18]perché anche Cristo è morto una volta per sempre per i peccati, giusto per gli ingiusti, per ricondurvi a Dio; messo a morte nel corpo, ma reso vivo nello spírito. [19]E nello spírito andò a portare l'annúncio anche alle ànime prigioniere, [20]che un tempo avèvano rifiutato di crèdere, quando Dio, nella sua magnanimità, pazientava nei giorni di Noè, mentre si fabbricava l'arca, nella quale poche persone, otto in tutto, fúrono salvate per mezzo dell'acqua. [21]Quest'acqua, come immàgine del battésimo, ora salva anche voi; non porta via la sporcízia del corpo, ma è invocazione di salvezza rivolta a Dio da parte di una buona coscienza, in virtú della risurrezione di Gesú Cristo. [22]Egli è alla destra di Dio, dopo èssere salito al cielo e avér ottenuto la sovranità sugli àngeli, i Principati e le Potenze. » (1 Pt 3,18-22).

¿E che è andata a fare la Parola del Padre negli ínferi? Ha continuato a parlare: «Infatti anche ai morti è stata annunciata la buona novella, affinché síano condannati, come tutti gli uòmini, nel corpo, ma vívano secondo Dio nello Spírito» (1Pt 4,6). Ecco allora che la condanna a morte del Giusto, nel corpo, fà sí che «anche nella morte il giusto trovi rifúgio» (Pr 14,32), visto che è vivo nello Spírito Colui che lo accòglie. Colui che accòglie, però, resta Giusto e la sua giustízia sa che «non è bene usare riguardi al malvàgio per far torto al giusto in giudízio» (Pr 18,5).

1.3. Il linguàggio teològico della riflessione patrística

Il processo di demitizzazione, che Joseph Ratzinger auspicava in *Introduzione al Cristianésimo*[31], non è un abbandono del linguàggio dei Padri e del fatto incontestàbile e di fede della discesa nella profondità del regno dei morti (profondità come *luogo*[32] transfísico-ultraterreno e come *condizione* esistenziale

---

[31] Cfr J. RATZINGER, *Introduzione al Cristianésimo*, Queriniana, Brescia 1969, 238.

[32] Sebbene èssere in un luogo appartenga alla natura corpòrea, fatta di quantità, gli spíriti che sono in un qualche contatto con la nostra quantità sono in un qualche luogo non físico, ma della stessa natura invisíbile della loro sostanza. La Scrittura è tutta protesa a parlarci dello Sheol in quanto luogo e la resurrezione dei corpi per l'eterno prèmio o l'eterna condanna, poi, non può che avvalorare la "certissima Ecclesiae doctrina" che non si tratti solo di una condizione, ma anche di luoghi di beatitúdine e luoghi di dannazione in cui ci si ritroverà con Dio o senza Dio (Cfr DThC, vol V, 1, M. RICHARD alla voce "Enfer", pp 101-102).

transfísica-ultraterrena), né una deellenizzazione come qualcuno vorrebbe, ma una desolennizzazione della narrazione, una "traduzione nella língua corrente" per recuperare il tutto col linguàggio dialògico dell'esistenzialismo[33] e personalismo tanto cari ai contemporànei, ma senza perméttere che essi sconvòlgano la ricchezza della fede con riduzionismi o aberranti affermazioni.

Vediamo allora quali verità spirituali si cèlino dietro immàgini materiali, cosí da non dovér trattare con sussiego tutte le descrizioni che la Scrittura ci dà dell'Inferno. Il mito correttamente inteso è il racconto solenne e sacro, in prima istanza, non quello fantasioso, che nella fase di superamento anche della razionalizzazione sfiora il símbolo e, con Cristo, entra nella dimensione del símbolo (= segno sacramentale). È Dio stesso, dunque, che si serve dell'immaginàrio ordinàrio e "mítico"[34] dell'uomo, non sono gli Apòstoli o i Padri della Chiesa ad èssersi inventati questa tècnica narrativa. L'approfondimento teològico, quindi, può solo rilevare la problematicità del linguàggio o dell'esegesi, in ogni època e in ogni riflessione, di dire bene e senza taglî. I Padri stessi sono consapévoli di ciò. San Gregòrio Nisseno ad esèmpio, nello sforzo di esprímere con immàgini ciò che succede all'ànima nella quale s'innesta la colpa, afferma:

> «L'accompàgnano necessariamente sofferenze indicíbili e inesprimíbili, impossíbili a descríversi pròprio come la natura dei beni da noi sperati. Né gli uni [= i tormenti, Ndr] né gli altri [= i gaudî, Ndr] di fatto si prèstano ai mezzi espressivi del linguàggio o alla congettura del pensiero»[35].

Quanto al *descensus*, però, essi partírono dalla considerazione che Gesú Cristo è il Verbo o Maestro, il Salvatore, il Re o Signore, l'Acqua Viva e la

[33] Con la differenza non da poco che l'Esistenzialismo e la sua riflessione giungono alla constatazione del naufragio, mentre il Cattolicesimo al porto sicuro o, con espressione ben nota alla tradizione e alla toponomastica, "al Porto Salvo".

[34] Tenute salve le considerazioni che Paul Ricoeur fà del "mito" in *Struttura ed Ermeneutica*, rivendichiamo al termine la sua valenza etimologica: proprio della narrazione (=μύθος) solenne, non dell'invenzione fantasiosa. Il fatto poi che "miti" fúrono i racconti che lo sforzo della riflessione umana creò per solennizzare una qualche verità legata alla storia, non toglie valore alla Verità che si fa chiave di lettura di tutta la storia, quando essa si serva del "mitico" nella sua rivelazione definitiva e incarnata. La polemica col paganesimo ha giustamente per quel tempo visto il "mito" nella sua contiguità con la "mitologia", donde l'inaccettabilità di fare di Cristo un "mito". Oggi, però, si può recuperare la sua contiguità col Simbolo.

[35] GREGORIO DI NISSA, *La grande catechesi*, VIII, 12, Città Nuova, Roma 1990, 72.

Luce Vera (che in síntesi si pòssono condensare nella fede che Egli sia Vero Dio e Vero Uomo, tutte verità che desumèvano dalla fede dei testimoni del Risorto e dalla Scrittura).

Nel primo caso Egli parla, prèdica e insegna. Sant'Ignàzio ai Magnesî parla del «Verbo uscito dal silènzio»[36] nel quale i profeti già vivèvano secondo la sua gràzia e che «per questo, quello che attendèvano giustamente, venendo li risuscitò dai morti»[37].

Sant'Ireneo scrive:

> « Udii da un presbítero che l'aveva udito da coloro che avèvano visto gli apòstoli... che il Signore scese in quelle regioni sotterrànee per annunciare il vangelo del suo avvento anche a quelli, essendo la remissione dei peccati per quanti crèdono in Lui»[38].

Sant'Ambrògio nel *De Isaac et anima* (386), nel *De bono mortis* (386) e nel *De fuga saeculi* (387), sempre avendo come punto di riferimento il Verbo, crea un itineràrio discendente che spieghi come si arriva all'intimità piena col *Verbum Deus* a partire dal collòquio íntimo dell'ànima con Lui[39].

La fede, dunque, e la sua stessa trasmissione sono tutte subordinate all'ascolto e l'ascolto o la sordità divèntano salvezza o perdizione, poiché non si può ottenere remissione dei peccati senza udire il Maestro. Da ciò deriva il relativo cúmulo di immàgini. A questo livello di descrizione, il rifiuto del Verbo-Maestro diventa per i Padri uno sprofondare nella menzogna, nel silènzio lívido o nelle urla èmpie e bestemmiatrici. Questo dire del Maestro lo fà veritiero e sapiente, perché il Logos è Sapienza che evangelizza e giúdica con giustízia.

Il Salvatore, in quanto liberatore, è colui che incatena Sàtana, lo fà precipitare nello stato di disgraziato e lo scàccia dalla vita dei redenti col suo sàngue. A questo livello di descrizione, tutto quello che è rifiuto della salvezza finisce per configurasi come paura, schiavitú del Diàvolo e tormenti dei demonî. Questo è

---

[36] Ai Magnesî, VII,2 in: *I Padri apostolici*, Città Nuova, Roma 1976, 112. SChr 10, p.102.
[37] Ai Magnesî, IX,2 in: Ibidem, 112. SChr 10, p.104.
[38] IRENEO DI LIONE, *Adversus Haer.*, IV, 27, 1-2. SChr. 100, pp 728 e 738.
[39] Cfr ROBERTO IACOANGELI, *Anima ed eternità nel "De Isaac" di sant'Ambrogio*, in: S. FELICI (ed.), *Morte e immortalità nella catechesi dei Padri del III-IV secolo*, LAS, Roma 1984, 105.

l'àmbito dell'immàgine che Orígene ha del *Descensus,* quando dice:

> «Vinti i demonî avversarî, Cristo, come fóssero bottino della sua vittòria, prende quelli che èrano tenuti sotto il loro domínio e riporta le spòglie della salvezza; com'è scritto di lui in altri passi, che ascendendo in cielo condusse schiava la schiavitú»[40].

Il Re o Signore, che come liberatore ha lottato e vinto, spalanca le porte del suo regno e non conosce limitazioni nella sua signoria, entra nelle segrete dei suoi súdditi e fà partecipare al suo trionfo di luce i figlî redenti.

Le descrizioni dei Padri sono numerose, ma ci dícono tutte una cosa: il linguàggio informativo ha valore performativo. Chi ascolta, informato di ciò che Cristo ha potuto fare per gli uòmini schiavi dei peccati e dei demonî, della morte e delle tènebre, deve èssere trasformato dalla Parola-Gràzia di Dio.

Anche riguardo al mistero dell'Inferno, dunque, ogni informazione è finalizzata alla performazione.

---

[40] ORIGENE, *Commento ai Numeri*, Omelia XVIII, n.4, PG 12, 717-718.

CAPITOLO SECONDO

ALDILÀ E INFERNO: DALLA RIVELAZIONE AL DOMMA.

Saltando a piè pari la visione dell'oltretomba nei pòpoli occidentali od orientali contemporanei o antecedenti al pòpolo eletto, con la relativa escatològia[41], e anche ciò che accadde al poeta Simonide di Chio[42] (VI sec. a.C.), come prova dell'esistenza della sopravvivenza delle ànime[43], ci accingiamo ora a parlare del Aldilà e dell'Inferno, tenendo presente il nuovo concetto di ànima incentrato sulla Cristologia[44] e il carattere dialogico dell'immortalità[45], che permèttono di superare la motivazione «sostanzialistica» di quest'ultima, attribuendo unicamente a Dio e alla sua volontà la sopravvivenza, anziché a motivazioni intrínseche all'ànime stessa.

L'eternità di essa, dunque, anche nel caso della dannazione, si motiva con l'irrevocàbile fedeltà di Dio alle sue promesse: Egli, infatti, chiama per sempre all'esistenza e ha «l'eterno appetito dell'infanzia»[46] che non si stanca di dire «ancora». Questo "sí" di Dio all'esistenza (= libertà infinita di Dio) resta immutàbile anche quando la creatura, in forza di un monòlogo esistenziale, Gli dica di no contro ogni verità e giustízia sul pròprio èssere (= libertà finita).

Il dato rivelato ci dice che è il rifiuto di Cristo a dare inízio all'inferno sia nel

---

[41] Per l'escatologia greco-romana si legga: SALVATORE D'ELIA, *Alcuni aspetti fondamentali dell'escatologia greco-romana*, in: SERGIO FELICI (ed.), *Morte e immortalità nella catechesi dei Padri del III-IV sec.*, LAS, Roma 1985, 13-27.

[42] Gli studiosi di Sacra Scrittura lo cítano come antecedente extrabíblico, riconosciuto o contestato, di "morto riconoscente", quando pàrlano del libro di Tobia; ma lo fanno sempre relegàndolo nella categoria delle leggende o dei miti o degli spettri. Cfr CLAUS SCHEDL, *Stòria del Vecchio Testamento. IV – La pienezza dei tempi*, Edizioni Paoline, Roma 1966, 154-155.

[43] A pàgina 123 del suo libro su questo tema (*L'ànima e il suo destino*, Cortina, Milano 2007), Vito Mancuso, che consídera l'ànima un'energia, afferma che non esiste nessuna prova della sua immortalità. Sciorina una farràgine di citazioni, ma non ricorda questo episòdio, di cui pure parla Cicerone, *De divinatione* I, 27, 55. Cfr CORRADO MARUCCI S.I., *L'ànima e il suo destino secondo Vito Mancuso*, in: "La Civiltà Cattòlica" I (2008), 256-264.

[44] Cfr J. AUER-J. RATZINGER, *Escatologia morte e vita eterna*, Cittadella Editrice, Assisi 1979, 158-161.

[45] *Ibidem*, 162-169.

[46] L'espressione è usata dal Chesterton per contestare la visione materialística e necessària della realtà, a vantàggio di quella che egli chiama "Morale delle favole", per giustificare la bontà e provvidenza di Dio che dice continuamente «ancora», come i bambini divertiti da un trastullo, a tutta la sua creazione. Cfr G. K. CHESTERTON, *Ortodossia*, Edizioni Martello su concessione della Morcelliana, Padova 1988, 90-91.

caso degli àngeli[47] ribelli sia nel caso degli uòmini morti dopo la Sua venuta. Il suo caràttere definitivo e irrevocàbile, per i primi è espresso con l'espressione «catene eterne»[48] (quelle a cui la loro volontà fuori del tempo li ha legati); per gli uòmini è indicato con diverse espressioni, delle quali in questa fase ricorderò solo il «supplízio eterno» (Mt 25, 46) a cui sono destinati gli empî.

Cristo abolisce gli Ínferi e segna l'inízio dell'Inferno, « *perché l'inferno non è un genèrico rifiuto di Dio, ma è il rifiutare Cristo, ossia un Dio che giunge al màssimo della misericòrdia col sacrifício del pròprio Fíglio*»[49].

Vediamo allora ciò che caratterizza gli uni e ciò che caratterizza l'altro.

Il progresso nella comprensione di Dio e della sua bontà e giustízia divèntano nei testi bíblici che vanno dall'AT al NT un quadro che si va completando di libro in libro, con particolari fino alla Rivelazione piena in Cristo. Il quadro appena abbozzato sul nostro tema si chiama Sheol; quello a metà dell'òpera precisa ogni cosa coi chiaroscuri, ossia con la differenziazione di ricompense per i buoni e per gli empî; l'èssere per sempre con Cristo o senza Cristo, infine, è il quadro sfolgorante e completo: tutto colori e forme chiare e distinte[50].

Lo *Sheol*, che nei Settanta è tradotto con *Hàdes*, è in un primo momento

---

[47] Quando Gesú dice del Diàvolo: «Egli era omicida fin da princípio e non stava saldo nella verità» (Gv 8,44) ha presente ciò che è successo prima del tempo come prova degli àngeli: la notízia dell'Incarnazione, la cui realtà è evidente in Ap 12, 3-4: «un enorme drago rosso, con sette teste e dieci corna e sulle teste sette diademi; la sua coda trascinava un terzo delle stelle del cielo e le precipitava sulla terra. Il drago si pose davanti alla donna, che stava per partorire, in modo da divorare il bambino appena lo avesse partorito». Quel "drago", che è lo stesso tèrmine ebr. con cui Gn índica il mostro marino che seduce Adamo ed Eva, si trascina un terzo delle stelle del cielo nella sua caduta come fòlgore (Cfr Lc 10,18).

[48] Infatti «Dio...non risparmiò gli àngeli che avèvano peccato, ma li precipitò in abissi tenebrosi, tenèndoli prigionieri per il giudízio » (2Pt 2,4); «tiene in catene eterne, nelle tenebre, per il giudizio del grande giorno, gli àngeli che non conservàrono il loro grado ma abbandonàrono la pròpria dimora.» (Gd 6). "Catene eterne" che signíficano la scelta irrevocàbile da essi compiuta a pròpria dannazione.

[49] G. CAVALCOLI, *L'inferno esiste. La verità negata*, Fede & Cultura, Verona 2010, 39.

[50] «Il Nuovo Testamento non si límita a parlare in generale della vita eterna, ma dice anche espressamente di quali elementi concreti consterà quando sarà giunta alla sua pienezza » osserva C. POZO, *Teològia dell'aldilà*, Paoline, Roma 1971, 190. E nelle seguenti pagine fino a 197 li índica ne *L'intimità con Dio* (Cf Fil 1,23 e 1 Ts 4,14); nella *Visione intuitiva di Dio* promessa da Gesú in Gv 17,24 e creduta dalla fede apostolica (Cfr 1Gv 3,2; 1 Cor 13,12;); ne *L'amore di Dio* (Cfr 1 Cor 13,8); nel *Gàudio della vita eterna* (Cfr Mt 25,21) espresso anche con l'immàgine del banchetto (Lc 22, 29-30) e del seno di Abramo (Lc 16,22); e per finire ne *L'eternità* (Cfr Lc 16,9; 2Cor 5,1; 1 Cor 9,25; 1 Pt 5,4; 1 Ts 4,17; Ap 21,4; Sap 5,15).

concepito come un luogo sotterràneo[51] che raccòglie tutti i morti[52], i quali vívono nella forma di ombre[53] abbandonate da Dio. Egli tuttavia ha il potere di salvarle[54] da questa prigione[55], poiché non esiste luogo creato che il Creatore non possa raggiúngere con la sua presenza[56].

Nei Profeti e nella loro predicazione si chiarífica lo Sheol come un luogo a strati, dove le zone piú basse sono per gli empî[57] e le piú alte per i giusti[58].

I Salmi místici[59] costituíscono il punto di arrivo della certezza del giusto di contemplare Dio, infatti egli dice:

> « Per questo gioisce il mio cuore /ed esulta la mia ànime; /anche il mio corpo riposa al sicuro, / perché non abbandonerai la mia vita negli ínferi, / né lascerai che il tuo fedele veda la fossa. / Mi indicherai il sentiero della vita, / giòia piena alla tua presenza, / dolcezza senza fine alla tua destra » (Sal 16,9-11),

«io nella giustízia contemplerò il tuo volto, al risvèglio mi sazierò della tua immàgine» (Salmo 17,15). Questo risvèglio, poi, sarà parimenti interpretàbile come incontro dell'ànime col suo Creatore e come resurrezione finale dei corpi per il Giudízio Universale[60]. Nei capítoli 3-4-5 del libro della Sapienza, spècie nel IV, vediamo bene la síntesi di questa escatològia matura della retribuzione, che il Nuovo Testamento identificherà con Cristo, perfezione dei giusti e condanna degli empî, Giúdice-Virtú di riferimento-Prèmio, dopo èssere stato fino all'último respiro Salvatore. Lo Sheol, a questo punto, smette di èssere ricettàcolo nèutro di defunti, per diventare luogo di punizione ultraterrena: Inferno.

Il linguàggio profètico di Is 66,24 e di Ger 7,32 e 19, 6-7, insieme ad altri passi di profeti, fornirà a questo luogo di condanna eterna altri connotati e

---

[51] Cf Is 7,11; Am 9,2; Sal 139,8.
[52] Anche i refaím dei Patriarchi, che sono chiaramente distinti dai rispettivi cadàveri, come mòstrano Gn 25, 8-10; Gn 37,33 e 35; Gn 49,29-33, fínirono nello Sheol. Cfr C.POZO, *op. cit.*, 89-95.
[53] Sal 88,11.
[54] Sal 18,6; 88,4; 116,3; Gio 2,3.
[55] 2 Sam 22,6; Sal 18,6.
[56] Am 9,2.
[57] Cfr Ez 32,22-30; Is 14,15.
[58] Cfr Sal 49,15-16.
[59] Sal 16, 49 e 73.
[60] Cfr Sap 3,1 e 4,7; 2Mac7,14.23.36; Dn 12,2.

immàgini, nomi e proprietà, che nel Nuovo Testamento confluiranno nel concetto di Inferno. Essi pàrlano esplicitamente o implicitamente della *Geenna*, che storicamente fu la valle di Innòm, luogo di sacrificî umani, di abominî, di immondízie, ma che in prospettiva escatològica diventa la Valle della Strage, della condanna eterna, del verme e del fuoco che non hanno fine; ma anche, neotestamentariamente, orígine del male e del veleno che emerge da una bocca ciarliera e incontinente (Cfr Gc 3,6). Del resto fin da Gn 19,24 (Sòdoma e Gomorra punite) la Scrittura assòcia al castigo definitivo «il fuoco», perciò Giovanni il Battista ne parlerà come accoglienza definitiva dell'òpera della scure che condanna (Mt3,10), e come luogo in cui finisce la pula che dovrà bruciare «con fuoco inestinguíbile» (Mt 3,12). E Gesú stesso parlerà del «fuoco della Geenna» (Mt 5,22), che non è un fuoco di purificazione, ma di condanna (Mt 23,33). Insomma, in Gesú e negli Apòstoli ogni immàgine della Scrittura sulle realtà che noi chiamiamo *Novíssimi*, si compone, precisa e rafforza, senza alcuna attenuazione sulla terríbile realtà della perdizione. Il «Fuoco»[61] che è come uno «stagno»[62] « che dovrà divorare i ribelli»[63]; lo «zolfo»[64], le «tènebre esteriori»[65], l'«abisso»[66], il «tàrtaro», il «pianto e stridore di denti» uniti al «verme»[67], il «càrcere»[68], le «catene»[69], la «fornace ardente», e la condizione di «maledetti»[70], sono tutti «eterni», «inestinguíbili» e «per sempre». Ciascuna di queste immàgini dice una verità profonda sul «pèrdere la pròpria ànima» (Mc 8,36) o quel "sé" che ha voluto fare da sé[71]. «Questa è la seconda morte» (Ap 20,14 e 21,8) che seriamente porta all'Inferno ed è un Inferno.

Qualcuno, per negare la sua realtà non alla maniera dei teòlogi liberali o dei

---

[61] Mt 3,10 e 12; Mt 5,22; Mc 9,43 e 48; Lc 17,29; Gv 15,6; 2 Ts 1,8; Eb 10,27; 2 Pt 3,7; Gd 7 e 23; Ap 10,17-18; Ap 14,10; Ap 16,8; Ap.18,8; Ap 19,20; Ap 20,9.10.14.15; Ap 21,8.
[62] Ap 20, 10 e 14.
[63] Eb 10,27.
[64] Lc 17,29; Ap 19,20; Ap 20,10; Ap 21,8;
[65] Mt 8,12; Mt 22,13; Mt 25,30; Gv 12,35; Gd 6 e 13;
[66] Lc 8,31; Lc 16,26;
[67] Sir.7,17.
[68] Ap 20,7.
[69] Gd 6,
[70] Mt 25,41.
[71] Cfr Lc 9,25: «Infatti, quale vantaggio ha un uomo che guadagna il mondo intero, ma perde o rovina sé stesso?».

modernisti, ha affermato che l'inferno è sempre una possibilità nelle parole di Gesú[72]; ma ciò è falso perché, come dice padre Cavàlcoli[73], Gesú ha parlato dell'Inferno con tre gèneri di affermazioni: le proposizioni assertòrie[74], quelle condizionali[75] e le minacce o avvertimenti[76].

Ora, nella stòria della Chiesa, mentre il *descensus ad inferos* è domma definito, ciò che essa sa e crede sull'Inferno è verità creduta con fede ecclesiàstica, definitiva e infallíbile, ma che non ha avuto finora bisogno dell'enunciazione del domma[77]. Nei primi tre sècoli ci si regolò con la fede di Roma, visto che sant'Ireneo ebbe a dire: «attesa la sua maggiór autorevolezza, deve accordarsi ogni altra chiesa»[78]. La Scrittura e i suoi passi esplíciti ben interpretati non fúrono oggetto di contestazione né si dovette insístere sul tema, salvo sul punto del «verrà a giudicare i vivi e i morti» (DS 11), presente nella "*forma Romana antiquior*" del Símbolo apostòlico.

Fu la dottrina origenista dell'apocatastasi, di cui parleremo mèglio a suo tempo, che diede inizio ai pronunciamenti anatematici e ad approfondimenti escatologici.

La dottrina della retribuzione definitiva viene espressa, senza dare àdito a dubbî, sia dalla "*Fides Damasi*" (V sec): «abbiamo la speranza di ottenere da lui [= Cristo] o la vita eterna, come prèmio del buon mèrito, o la pena dell'eterno supplízio per i peccati»[79]; sia dal "*Symbolum Quicumque, pseudo-*

[72] Il gesuita François Varillon, ad esèmpio, usa sempre l'espressione «eventualità reale», per parlarne. Egli non è disposto a tacere sull'Inferno, per non mutilare la verità su Dio, sull'uomo e sull'Amore; ma parlàndone lo fà vuoto nella sua risposta alla sesta e dodicésima domanda. Cfr François Varillon, "*L'Enfer et le Purgatoire*", conferenza tenuta il Venerdí 18 Febbràio 1977 nella cattedrale di San Benigno a Dijon.

[73] G. CAVÀLCOLI, *L'inferno esiste. La verità negata*, Fede & Cultura, Verona 2010, 24-25.

[74] Mt 3,12; Mt 25,31.32-34.41.46; Mt 7, 13-14; Mt 7,23; Mt 8,11-12; Mt 13,30; Mt 13,42; Mt 13, 49-50; Mt 22,14; Mt 24,22; Mt 24,31; Mc 13,27; Lc 13,24; Lc 14,24; Lc 16,26; Lc 17,34; Gv 5, 28-29.

[75] Mt 5,22; Mt 12,37; Mt 18,8; Mc 9,47-48; Lc 12,9; Gv 3,3.16.18.20.36; Gv 6,53; Gv 8,24; Gv 9,39; Gv 12,25.48; Gv 15,2.

[76] Mt 10,28; Mt 11,23; Mt 12,37; Mt 23,33; Mc 16,16 (anche se in questo caso si può anche parlare di proposizione condizionale relativa); Lc 12,46; Lc 19,26.

[77] Per la differenza fra verità "di fede" e verità "prossima alla fede", Cfr GIOVANNI PAOLO II, *Ad tuendam fidem*, 29 Giugno 1998.

[78] IRENEO DI LIONE, *Adv haereses*, III, 3,2 PG 7, 848.

[79] habemus spem nos consecuturos ab ipso [= Christo] aut vitam aeternam, praemium boni meriti, aut poenam pro peccatis aeterni supplicii (DS 71-72).

Athanasianum" (V sec) fra le verità da crèdersi necessariamente ai fini della salvezza: «quanti fécero il bene se ne andranno alla vita eterna; quanti, invece, il male, al fuoco eterno»[80].

Il Concílio di Orange del 473 confessa «anche i fuochi eterni e le fiamme infernali preparati per i misfatti capitali»[81].

Ed ecco finalmente le risposte ufficiali all'apocatastasi di Orígene. Nel 543 il can.9 dell'Editto di Giustiniano lància l'anatema contro chi «dice o ritiene che il supplizio dei demonî e degli empî sia temporaneo, e che in futuro finirà, o che ci sarà una riabilitazione o reintegrazione dei demonî e degli empî»[82]. Papa Vigilio lo approva e il Concílio di Costantinòpoli del 543 parimenti. Il V Concílio Ecumènico di Costantinòpoli del 553 condanna ancora piú esplicitamente la dottrina erètica; e lo stesso faranno i successivi concilî: il VI di Costantinòpoli (680 d.C.); il VII di Nicea (787 d.C.) e l'VIII di Costantinòpoli (869 d.C.).

La fede sulla vita eterna di alcuni e la dannazione di altri emerge poi, indirettamente, nei decreti sulla predestinazione e sulla giustificazione, rispettivamente al Concílio di Carísia dell'853[83] e in quello di Trento al cànone 13[84].

Il Concílio di Valenza dell'855 trattando della prescienza di Dio esprime la diversa sorte di chi corrisponde alla gràzia e di chi si danna per pròpria malízia (DS 626) e papa Innocenzo III, nella "Maiores Ecclesiae causas" del 1201, distíngue tra la pena che spetta al peccato originale e quella al peccato attuale: «La pena del peccato originale è l'impossibilità di vedere Dio; la pena del peccato attuale, invece, è la condanna alla perpètua geenna»[85]. Nel Concílio

---

[80] qui bona egerunt, ibunt in vitam aeternam; qui vero mala, in ignem aeternum (DS 75-76).

[81] Profiteor etiam aeternos ignes et infernales flammas factis capitalibus praeparatas (DS 341).

[82] Si quis dicit aut sentit ad tempus esse *daemonum et impiorum hominum supplicium,* eiusque finem aliquando futurum, sive restitutionem et redintegrationem esse daemonum aut impiorum, a.s.

[83] DS 621. Dov'è detto chiaramente: «««Dio onnipotente "vuole salvi" senza eccezione "tutti gli uòmini" (1 Tim 2,4), benché non tutti si sàlvino» (DS 623).

[84] DS 1540. Dove esplicitamente si chiarisce: «In verità, benché Egli "sia morto per tutti" (2 Cor 5,15), tuttavia non tutti ricévono il beneficio della sua morte, ma solo coloro ai quali è comunicato il mèrito della sua morte» (DS 1523).»

[85] «Poena originalis peccati est carentia visionis Dei, actualis vero poena peccati est gehennae

Lateranense IV, contro i cataro-albigiesi, si ribadisce ciò che accadrà il giorno del Giudízio, dopo la resurrezione dei corpi, secondo le òpere di ciascuno. Quelli che avranno operato malvagità «riceveranno … col diàvolo la pena perpètua»[86]. Nella quarta sessione del II Concílio di Lione del 1274 (il XIV Concílio ecumenico), preseduto da papa Gregòrio X, si dichiarò eterna e immediata la condanna « di coloro che muoiono o in peccato mortale o col solo peccato originale»[87].

Il 20 Dicembre 1336 Benedetto XII nella "Benedictus Deus" dichiara solennemente che chi muore in peccato mortale finisce súbito, dopo la morte, all'Inferno (Cfr DS 1002). Nel XVII Concílio ecumenico della Chiesa, quello di Firenze del 1439, si riprendono e citano i passi escatologici già visti di Lione II e della formula di fede di sant'Atanàsio, mentre il "Decretum pro Jacobitis" (DS 1351) esclude dalla partecipazione alla vita eterna Giudei, eretici e scismatici.

Il Catechismo *ad Parochos* del 1556 ribadí l'esistenza e l'eternità dell'Inferno; Pio VI, intervenendo contro gli errori dottrinali del Sínodo di Pistòia nella "Auctorem fidei" (28 Agosto 1794) condanna la «fabula pelagiana» perché superficiale circa la verità della dannazione eterna (DS 2626). Pio IX, sia nella "Quanto conficiamur moerore" del 10 Agosto 1863, sia nel "Sillabo" dell'8 Dicembre 1864 (DS 2865 e 2917), non attènua la dottrina sull'Inferno e le sue pene. La pervicàcia, semmai, nel negarli, diventa per la Penitenzieria Apostolica, il 30 Aprile 1890, motivo per negare l'assoluzione a chi non crede a questa verità.

San Pio X nel suo Catechismo dèdica ai Novíssimi uno spàzio proporzionato a verità principali della fede e tutti i pontéfici, dopo di lui, non omèttono di parlarne nel loro magistero ordinàrio[88].

---

perpetuae cruciatus» (DS 780).

[86] «recipiant … cum diabolo poenam perpetuam» (DS 801).

[87] DS 858.

[88] Ricordiamo, ad esèmpio, come san Giovanni Pàolo II, nel suo libro "*Varcare la sòglia della speranza*", parlando della dimensione còsmica dell'escatològia postconciliare, afferma uno smarrimento evidente e il fàscino dell'eresia che abolisce l'inferno e la Giustízia di Dio: «Bisogna rispòndere onestamente di sí: l'uomo in una certa misura si è smarrito, si sono

Ad ogni modo il Concílio Vaticano II, nel n. 48 della *Lumen Gentium*, resta portavoce di tutta questa tradizione della medésima fede apostòlica: l'eternità dell'inferno attende i servi malvagî e pigri, il cui giudízio, ha detto recentemente papa Francesco commentando Gv 3,17-18,

> «incomincia adesso nel corso della nostra esistenza. Tale giudízio è pronunciato in ogni istante della vita, come riscontro della nostra accoglienza con fede della salvezza presente ed operante in Cristo, oppure della nostra incredulità, con la conseguente chiusura in noi stessi. Ma se noi ci chiudiamo all'amore di Gesú, siamo noi stessi che ci condanniamo. La salvezza è aprirsi a Gesú, e Lui ci salva»[89].

smarriti anche i predicatori, i catechisti, gli educatori e, quindi, hanno perso il coràggio di «minacciare l'inferno». E può darsi che persino chi li ascolta àbbia cessato di averne paura. [...] Da sempre il problema dell'Inferno ha turbato i grandi pensatori della Chiesa, a partire dagli inizî, da Orígene, fino ai nostri tempi, a Michail Bulgakov e Hans Urs von Balthasar. In verità gli antichi concilî avèvano respinto la teòria della cosiddetta *apocatàstasi finale,*...una teòria che indirettamente aboliva l'inferno. [...Infatti,] il Dio che è Amore non è anche Giustizia definitiva?» (IDEM, op. cit., Arnaldo Mondadori Ed., Milano 1995, 219.221-222). E come Benedetto XVI, nel n° 45 dell' encíclica *Spe salvi* sintetizzi la dottrina della Chiesa sull'Inferno, presente in CCC 1033-1037. In questi númeri, tra l'altro, il Catechismo, nel citare passi sull'Inferno, sceglie quelli assertorî, cioè quelli che lo índicano come un fatto, non come una possibilità (nel discorso ai pàrroci e al clero di Roma dell'8 Febbràio 2008.

[89] Papa FRANCESCO, Udienza generale di Mercoledí 11 Dicembre 2013, in piazza San Pietro. In: *L'Osservatore Romano*, Giovedí 12 Dicembre 2013, "Ogni giorno il giudizio finale", p.8.

CAPITOLO TERZO
TENTATIVI E PERCORSI SPECULATIVI DIVERSI PER CONCILIARE INFERNO E SALVEZZA IN CRISTO.

Il primo dato teso a salvare l'único Salvatore degli uòmini, e a non vanificare il suo sangue redentore, fece sí che i Padri elaboràssero anzitutto la Teològia che approdò nel noto motto espresso da san Cipriano: « *Salus extra Ecclesiam non est*»[90]. Già sant'Ignàzio è certo che solo i «pentiti che màrciano nell'unità della Chiesa saranno di Dio perché vívono secondo Gesú Cristo»[91] , mentre, « se qualcuno segue lo scismàtico...o màrcia nella dottrina erètica egli non partécipa della passione <di Cristo>»[92]. Anche Ireneo di Lione nel *Paedagogus* (I,6) e Orígene avevano parlato di dannazione per chi resta fuori della Chiesa. L'Alessandrino scriverà ben prima di Cipriano, infatti: «*Nessuno si illuda e nessuno si inganni: fuori di questa casa, fuori della Chiesa, nessuno è salvato; perciò, se qualcuno ne esce diventa responsabile della sua morte*»[93]. Questa verità divenne forte solo in virtú del fatto che si credeva fosse giunto a tutto il mondo conosciuto il messàggio di Cristo, e quindi l'accoglienza-battesimo o il rifiuto-paganésimo fungéssero da discrimine per trovare salvezza solo nella Chiesa. Sant' Agostino riafferma perciò la tesi ciprianea[94].

In età moderna, però, si estende la salvezza per mezzo del concetto di "battesimo di desiderio"; e il Concílio Vaticano II nella Lumen Gentium[95], includerà in essa, per vie ignote che non precisa, coloro che senza loro colpa ignòrano il Vangelo e la Chiesa. In quest'*iter*, dunque, mentre la Chiesa Cattolica ha, via via che si scoprívano nuovi continenti, compreso che l'adesione dottrinale e il battésimo mancati di tanti pòpoli non potèvano pregiudicàr loro la salvezza di Cristo né l'èssere incorporati nella Chiesa è automatica salvezza (Cfr LG 14), e dunque cominciò a dare un senso nuovo al

---

[90] CIPRIANO DI CARTAGINE, Epistola 73, 21, 2.
[91] IGNÀZIO DI ANTIOCHIA, *Al Filadelfiesi*, III, 2. In: *I Padri apostolici*, Città Nuova, Roma 1976, 128. S.Chr. 10, p.142.
[92] IGNÀZIO DI ANTIOCHIA, *Al Filadelfiesi*, III, 3. In: ibidem, 128. S.Chr 10, p.142.
[93] ORÍGENE, *In Iesu nave*, III, 5; PG 12, 841.
[94] Cfr AGOSTINO, *Sermo ad Caesariens. Eccl. Prebem*, 6; ma anche: FULGENZIO DI RUSPE, *De Fide, ad Petrum*, 38,79; PL 65, 704.
[95] LG 16, in: EV 1, 326.

motto ciprianeo[96], sia le Chiese orientali sorelle sia i Protestanti si riappropriàrono della categoricità del motto, traducèndolo sostanzialmente e rispettivamente cosí: «Fuori dell'*Ortodossia* non c'è salvezza» e «fuori della *sola scriptura* non c'è salvezza».

Il *De servo arbitrio* di Lutero, inoltre, fu l'anticamera della doppia predestinazione teorizzata da Calvino: dottrine che per esaltare la fede hanno finito per rènderla irrazionale, privandola della bellezza e responsabilità della libertà.

Nonostante l'estensione limitata della salvezza alla sola Chiesa, per i motivi sú analizzati, la riflessione dei Padri e quella della Scolàstica hanno sempre tenuto conto del contributo dell'uomo, pur lasciando all'Inferno le descrizioni piú terribili, che confluiranno con largo ampliamento nel terzo diàlogo dell'*Elucidarium* di Onorio di Autun, trattatello-catechismo ad uso del basso clero e del pòpolo medievali per conòscere tutte le verità di fede e ciò che riguarda la *Vita futura*.

L'altro modo in cui si parlò della redenzione universale fu quello dell'Apocatàstasi (= restaurazione nello stato primitivo) come compimento della mediazione di Cristo. Orígene, appoggiàndosi a 1 Cor 15, 24-28, spiega come il v.25 della lettera paolina intenda dire la salvezza di tutti i nemici di Cristo. Nei *Princìpî* , òpera sistemàtica anche su questo tema, egli spiega che la fine [del mondo] sarà la retribuzione di pene e premî dovuti, ma il fine di tutto avverrà con la «reintegrazione perfetta di tutto il creato: cosí la soggezione dei nemici al Fíglio signífica salvezza in lui dei soggetti e reintegrazione dei

[96] In quale modo la Chiesa sia necessària alla salvezza lo spiega bene san Giovanni Pàolo II in *Varcare la sòglia della speranza*: « Il Concílio parla di *appartenenza alla Chiesa* per i cristiani e di *ordinazione alla Chiesa* per i non cristiani credenti in Dio, per gli uòmini di buona volontà (Cfr LG nn 15 e 16). Per la salvezza ambedue queste dimensioni sono importanti e ognuna di esse possiede varî gradi. Gli uòmini si sàlvano *mediante* la Chiesa, si sàlvano *nella* Chiesa, ma sempre si sàlvano *gràzie a Cristo*. *Àmbito di salvezza* pòssono èssere, oltre alla formale appartenenza, anche *altre forme di ordinazione*. Pàolo VI espone la medésima dottrina nella sua prima Encíclica *Ecclesiam suam*, quando parla di varî *cerchî del diàlogo della salvezza* (Cfr nn 101-117) che sono gli stessi indicati dal Concilio come àmbiti di appartenenza e di ordinazione alla Chiesa. Tale è il senso genuino della nota affermazione: «Fuori della Chiesa non c'è salvezza» (IDEM, op. cit., Arnaldo Mondadori Editore, Milano 1995, 167).

perduti»[97]. Del v.26, invece, ci spiega come la morte sarà annientata. Essendo il Diàvolo la causa di essa, essa scomparirà quando scomparirà il Diàvolo. La distruzione del Nemico primo, però, non va intesa nel senso di annientamento della sua sostanza spirituale, visto che Dio ama tutto ciò che ha creato, ma distruzione della sua volontà perversa che non ha avuto orígine da Dio, ma da esso stesso. E conclude: «Perciò sarà distrutto non per non esistere piú, ma per non èssere piú nemico o morte»[98].

Emanuela Prinzivalli commenta giustamente: «L'eliminazione escatològica del male e la sussistenza eterna soltanto del bene è dunque il *focus* della dottrina dell'apocatàstasi»[99], nata eterodossa e morta erètica. Nonostante l'attuale eresia tuttavia, il suo fascino ha sedotto anche alcuni contemporanei.

Per ispiegare come la volontà di salvare tutti si concili in Dio con la volontà di punire eternamente alcuni, il pensiero ortodosso dei Padri e dei Dottori della Chiesa ha individuato nella libertà dell'uomo la causa della volontà «conseguente» di Dio.

Riassume bene la questione san Tommaso, quando scrive:

> « Dio vuole che siano salvati uòmini di ogni stato, maschî e femmine, Giudei e Gentili, grandi e píccoli, ma non tutti gli individui dei singoli stati. ...
>
> Stando al Damasceno [*De fide Orth*, 2, 29], [la parola di san Paolo] si riferisce alla volontà antecedente, non alla volontà conseguente. Distinzione che non si desume dalla volontà divina, nella quale non vi è il prima e il dopo, ma dalle cose volute. [...]
>
> Dio di volontà antecedente vuole che ogni uomo si salvi, ma di volontà conseguente vuole che alcuni siano dannati secondo le esigenze della sua giustizia.»[100]

Un filone importante del pensiero teològico attuale rifiuta l'impostazione teològica patrística e scolàstica a favore di una *Theologia Crucis* mutuata da Karl Barth, con la motivazione del recuperato cristocentrismo (che, però,

---

97 *Princ.* III, 5, 7. SChr 268, p.232.
98 *Princ.* III, 6, 5. SChr 268, p.244.
99 Alla voce "Apocatastasi" in: A. MONACI CASTAGNO (ed.), *Origene. Dizionario. La cultura, il pensiero, le opere*, Città Nuova, Roma 2000, 25.
100 TOMMASO D'AQUINO, *Summa Theol.*, I, q.19, art.6. Ed. Studio Domenicano, Bologna 1987, vol 2, p.180.

pròprio nei Padri e in san Tommaso non è assente).

In essa si insiste molto sull'abbandono di Cristo e sulla soddisfazione di ogni giustizia sul patíbolo, che diventa salvezza universale.

Soffermàndoci sul primo aspetto, quello di "Gesú abbandonato dal Padre", notiamo come in àmbito cattòlico la piú sistemàtica acutizzazione di esso ci venga da Hans Urs von Balthasar, col suo parossismo esegètico che insiste sul «fatto peccato per noi» di 2 Cor 5, 21 e sul «divenuto maledizione per noi» di Gal 3, 13, a livello scritturistico; e su un impianto diverso e direi quasi dialettico nei rapporti tra le tre persone della Trinità. Mentre la Teològia classica, infatti, parla di distinzione delle persone, secondo la relazione che intercorre tra esse, Von Balthasar parla di «*assoluta alterità recíproca delle persone intra-divine*»[101], tale che il Fíglio, che assume su di sé il peccato (sic), diventa *distanza peccaminosa da Dio*. Un *Deus contra Deum* insomma! Il Von Balthasar, autore di *Sperare per tutti*, toglie la virtú teologale della speranza a Dio stesso Crocifisso, facendone uno che accetta "l'assoluta mancanza di contatto" col Padre, altrimenti detta "dannazione"o "inferno". Per il teòlogo di Basilea Cristo si muove contemporaneamente sul piano della «donazione e perdizione»[102] «alienazione e ottenebrazione»[103] rispetto al Padre, che avrebbe nascosto al Fíglio, fino al giorno del Sabato Santo, la tenebra che portava in Sé: «la tenebra del peccato nella figura dell'ira»[104]. Cosí ritiene che

> « *Il Fíglio per redimere in sé l'umanità dovette assumere e patire tutta la nostra condizione di lontananza da Dio, allora non era sufficiente che egli morisse e venisse sepolto con e per noi al venerdí santo, egli doveva ancora èssere morto con l'infinita schiera dei defunti dall'inizio fino alla fine del mondo* [...]. *L'oriente mostra dunque la discesa agli ínferi come un evento di luce e di vittoria. È giusto? Non dobbiamo associare il giorno del* ***descensus*** *alla settimana santa e la vittoria sul peccato e la morte non avviene in un silenzio profondissimo? Il contatto tra i morti e la vita eterna non viene stabilito proprio in un'assoluta mancanza di contatto? Nell'estrema possibilità dell'obbedienza del Fíglio che, al di là di ogni possibile comprensione, deve cercare la via di ritorno al Padre vivente proprio lí dove essa non può assolutamente èsserci: nell'atemporale regno*

[101] *Teodramatica*, vol.5, L'ultimo atto, 219.

[102] HANS URS VON BALTHASAR, *Teodramatica*, vol. 4, L'Azione, p.312.

[103] IDEM, *ibidem*, 312.

[104] IDEM, *ibidem*, 319.

della morte?»[105]

«*in geenna et in inferno*»[106] gli potrebbe suggerire Lutero, che nel *Sermone in preparazione alla morte* mostra sinteticamente di èssere la matrice del pensiero erètico sul *descensus*:

> « L'inferno e l'eternità della pena, insieme all'elezione, non devi vederli in te, né in sé stessi e nemmeno nei dannati. Né devi preoccuparti dei tanti uòmini del mondo che non sono eletti... Guarda piuttosto all'immàgine celeste di Cristo, che per amor nostro è disceso all'inferno e da Dio è stato abbandonato. Guarda a questo dannato per l'eternità che sulla croce dice: "Dio mio, perché mi hai abbandonato?". Ecco, in questa immàgine il tuo inferno è vinto...».

Questa idea di inferno assunto in Cristo e di abbandono del Padre è dunque di matrice protestante e abbiamo già notato come sia sconosciuta ai Padri. Da Lutero passa a Calvino; da Lutero e Calvino ad Adrienne von Speyr e a Karl Barth; da questi due e altri teologi evangelici al Von Balthasar, che nel V volume della Teodramatica cita la Von Speyr anche quando ella piú manifesta il suo calvinismo d'origine:

> «Anche la tenebra del peccato non cade fuori dal potere di Dio. Perciò è possibile che Dio avvolga graziosamente la nostra peccaminosa tenebra con la sua tenebra piú grande e che copra la nostra miseria dentro la sua gràzia»[107].

La gràzia è qui tornata ad èssere il mantello del sàngue di Cristo che permette agli occhî di Dio di vederci graziosi anziché dannati.

Questa posizione, che esàspera i paradossi paolini alla maniera di Lutero, e distrugge il princípio di non contraddizione alla maniera dell' Hegel, ci pare che debba riflèttere di piú sul monito paolino a san Timòteo: «Ricòrdati che Gesú Cristo [...] non può rinnegare sé stesso» (2Tim.2, 8 e 13), né abbandonare Sé stesso, né disprezzare la pròpria santità per farsi solidale col peccato (Cfr Eb 4,15).

Del resto, Jean Galot, dopo avér rimproverato a Calvino l'assurda attribuzione del tormento dei dannati a Cristo che scende nel regno dei morti,

---

105 IDEM, *La discesa agli ínferi.* In: "Communio" 55, (1981), 4 e 6.
106 M. LUTERO, *WA* 44, 523.
107 HANS URS VON BALTHASAR, *Teodramatica*, vol 5, L'ultimo atto, p. 326.

aggiunge:

> « Non si pòssono inoltre amméttere i tentativi piú recenti di presentare Cristo come colui che ha assunto «il mistero incomprensíbile del peccato nell'inferno» ed è ritornato al Padre «passando dall'inferno». Ogni esperienza d'inferno, quali che siano le attenuazioni che vi si vogliano introdurre, sarebbe in contraddizione con i misteri dell'Incarnazione e della Redenzione»[108].

Anche in questo caso, abbandonare i Padri[109] per ardite teòrie, che per risòlvere un problema ne fomèntano altri, mostra tutta la sua inconsistenza: Lutero fu Agostiniano, ma dimenticò che sant'Agostino parla dei tormenti di Gesú sulla croce come tormenti di un penitente vicàrio, non di un dannato vicario. Scrive, infatti, parlando della chiamata, della giustificazione e della glorificazione:

> « La qual cosa Egli comprovò anche nei tre giorni della sua passione, dormizione e risvèglio. Infatti fu crocifisso, sepolto e risorse. Sulla croce trionfò dei príncipi e delle potestà [del male], nel sepolcro riposò, nella resurrezione esultò. La penitenza tormenta, la giustízia tranquillizza, la vita eterna glorífica»[110].

Ma Egli è «Víttima felice, víttima vera, sacrifício immacolato! »[111], che quando grida citando il Salmo 21, lo fa mettendo all'uomo vècchio che siamo

[108] J. GALOT., *La vittòria di Cristo sulla morte*, in: "La Civiltà Cattòlica" 138 (1987), II,122. A chi si riferisca il succitato gesuita col virgolettato ce lo dice la nota n. 7 del suo articolo: « A. VON SPEYR, L'expérience du Samedi Saint, in: "Communio" 6 (1981) 68,65. Anche H. Urs von Balthasar, che presenta questa descrizione, attribuisce a Cristo una spècie di esperienza infernale».

[109] Parlando di Von Balthasar non si può dire che non ami i Padri, ma che ne ami tre in particolare: Orígene, Gregòrio di Nissa e Massimo il Confessore, tutt'e tre sostenitori dell'apocatastasi. Da essa il Von Balthasar tentò di difendersi, ma vi tese sempre estendendo il motto paolino della carità che "tutto spera" (1 Cor 13,7) ai dannati e non solo ai dannàbili. Si chiede, infatti, come possa la *communio sanctorum* non interessarsi piú dei dannati, nell'ipotesi che li vedesse con certezza all'inferno. (Cfr H.U. VON BALTHASAR, *Sperare per tutti con l'aggiunta di Breve discorso sull'Inferno*, Jaca Book, Milano 1997, 144-152). Il problema del teologo è che crede che ad alcuni santi si sia data "certezza soggettiva" che nell'Inferno ci fossero molti, ma solo per opporsi a ciò. La Chiesa non avrebbe, però, a suo giudízio certezza oggettiva che nell'Inferno ci siano molte ànime, perché la Rivelazione tratta l'inferno come possibilità sèria e terríbile, ma non come un fatto conosciuto dalla prescienza di Dio.

[110] AGOSTINO D'IPPONA, *Enarrat. in Ps.*, 150, 3.

[111] IDEM, *ibidem*, 149, 6.

noi nelle sue carni, la lontananza da Dio che Egli non poteva avvertire[112].

Il pensiero dell'Ipponate è poi quello che il Santo Padre Benedetto XVI ha piú volte espresso e approfondito in Udienze[113], Omelie[114], catechesi e libri.

Concludendo, e lasciando ad altri studiosi[115] la riflessione sull'inferno "vuoto" in Von Balthasar, ci interessava qui rilevare come un'errata visione del *descensus* abbia dato e dia anche un'errata visione della conciliabilità tra Inferno e Redenzione universale, che è il tema del nostro studio. Non noi mettiamo in bocca al teologo quest'incapacità di conciliare che fu dei Padri e dei Dottori della Chiesa, ma egli stesso se ne appropria citando Karl Rahner[116] nel suo *Breve discorso sull'Inferno*:

> « Dobbiamo perciò dare ragione a Karl Rahner, quando dice: "Noi dobbiamo salvaguardare le enunciazioni sulla potenza dell'universale volontà salvifica di Dio, sulla redenzione di tutti per opera di Cristo, sul *dovere di sperare la salvezza per tutti*, e la proposizione sulla vera possibilità di una dannazione eterna, senza poter conciliare tra loro concettualmente queste asserzioni»[117].

Il pensiero cattòlico dell'et-et è riuscito a conciliare le due cose, saldo sul dato rivelato e l'acquisizione patristico-teològica; chi se ne è allontanato, mandando all'inferno Cristo, in una conferenza stampa, successiva a un

---

[112] «... *Dio mio, Dio mio, perché mi hai abbandonato?* Che cosa voleva dire il Signore? Infatti Dio non lo aveva abbandonato, essendo egli stesso Dio; perché il Figlio di Dio è Dio, come il Verbo di Dio è Dio... Per quale ragione così è detto, se non perché anche noi ivi eravamo, se non perché la Chiesa è il Corpo di Cristo? Perché ha detto: Dio mio, Dio mio, guardami; perché mi hai abbandonato, se non allo scopo di stimolare la nostra attenzione e dire: questo salmo è scritto riguardo a me?... Prega per i nostri delitti, e ha fatto suoi i nostri delitti, per rendere nostra la sua giustizia» (AGOSTINO D'IPPONA, *II Enarrat.in Ps.* 21, 3 [v 2.]).

[113] Per esèmpio nell'*Udienza generale dell'8 Febbraio 2012*, nell'Àula Pàolo VI, quando, commentando il contesto in cui si leva il grido di Gesú, spiega come Egli àbbia la piena certezza della vicinanza del Padre. In: *L'Osservatore Romano*, Giovedí 9 Febbraio 2012, "Quando sembra che Dio non senta", p. 8.

[114] Per esempio in quella nella basilica di *Santa Sabina, il Mercoledí delle Ceneri del 6 Febbraio 2008*, quando dice che la preghiera alimenta la speranza e che in realtà Cristo fa sua l'invocazione di chi, abbandonato da tutti, si affida sicuro a Dio. In: *L'Osservatore Romano*, Venerdí 8 Febbraio 2008, "L'assenza di Dio aliena l'uomo", p.1.

[115] Cfr I. ANDEREGGEN, *Inferno vuoto? Un confronto con l'infernologia di Hans Urs Von Balthasar*, in: S.M.LANZETTA (ed.), *Inferno e dintorni. È possibile un'eterna dannazione?*, Cantagalli, Siena 2010, 199-222.

[116] K. RAHNER, *Sacramentum Mundi*, II, Freiburg 1968, voce *Hölle*, pp 737-738; trad. it., IV, Morcelliana, Brescia 1975, p.555.

[117] H. U. VON BALTHASAR, *SpT*, 150.

simposio su Adrienne von Speyr tenutosi a Roma nel 1985[118], ha potuto dire che l'inferno potrebbe èssere vuoto[119]. Il dato di fede che sia pieno, benché non si sappia di quali ànime, è finito sotto i piedi di un pensiero squilibrato dalla teològia dell'abbandono e da quella dell'eliminazione escatològica del male.

Cristo scende agli Ínferi e vince l'Inferno! La discesa dice come si è realizzata la salvezza anche per chi è morto prima della sua venuta; la vittoria sull'Inferno dice la totale impotenza del Demonio per chi vive e muore in Cristo, come vedremo meglio nella parte conclusiva dell'ultimo capitolo.

È «chi disprezza la parola [che] si rovinerà» (Pr 13,13). La Sua predicazione agli Ínferi, pertanto, non contraddice con l'irrevocabilità delle scelte fatte fino in punto di morte da ciascún indivíduo, né pretende di convertire le ànime, ma sancisce la piena partecipazione al Verbo di coloro che Lo hanno ascoltato in ogni tempo pur non conoscendolo[120]. Chi ha accettato la grazia sufficiente a salvarsi in vita, può accettarla ancora in morte[121]. La dannazione, allora, è la negazione nella propria esistenza di un diàlogo con l'Eterno e il rifiuto di camminare con gli altri orientati verso di Lui. Dei tre giorni del triduo pasquale, il secondo, in quanto tempo della morte che lascia nel sepolcro il Nazareno, è anche il momento della prima glorificazione, quella dell'ànima di Cristo (Cfr 1Pt3,18), quando il Fíglio che si è abbassato in vita per rinunciare alle pròprie proprietà di gloria, ora, con la morte, rivèndica pienamente in quest'ànime la sua gloria divina. L'ànime di Cristo è fatta «ormai piena della vita divina dello Spírito Santo»[122], per sottoporsi, Vangelo anche per le generazioni passate, alla scelta libera di salvezza di tutti gli uòmini morti non in opposizione alla sua predicazione interiore e non concretizzatasi in Gesú di Nazaret, pietra angolare scartata da Sion ma parlante da sempre, sicché si può in ogni tempo dire: « *Essi*

---

[118] Dal 27 al 29 Settembre 1985, a Roma, nell'Istituto per la Famiglia "Giovanni Paolo II".

[119] Cfr E. GUERRIERO, *Il dramma di Dio: letteratura e Teològia in Hans Urs von Balthasar*, Jaca Book, Milano 1999, 89.

[120] Cfr J. GALOT, *La vittoria di Cristo sulla morte,* in: "La Civiltà Cattòlica" 138 (1987), II, 127-128.

[121] Ecco perché per Sap. 5,15 «i giusti vívono eternamente» e per tutto il Vangelo e la Teològia giovannei la salvezza e la condanna comínciano nell'oggi.

[122] J. GALOT, *Ibidem*, 123.

v'inciàmpano perché non obbediscono alla Parola » (1Pt 2,8). Il sí e il no al suo messàggio di Dio umanato, come fu criterio di salvezza o dannazione nell'A.T. e prima dell'Incarnazione (I Padri ritèngono che ogni teofania di Dio nell'A.T. sia manifestazione del Fíglio); lo fu durante la sua personale predicazione púbblica e fino in punto di morte (pensiamo alla sorte dei due ladroni).

CAPITOLO QUARTO

L'INFERNO E LA REDENZIONE NELL'ANNÚNCIO DELLA CHIESA

Ogni sècolo ha avuto il suo modo di parlare di queste realtà e ogni modalità fu per il contesto di riferimento la migliore suscitata dallo Spírito Santo. Giudicare esagerate o inopportune certe prèdiche, invettive o monizioni, non vivendo nell'època in esame, sarebbe un sostituirsi al giudízio di Dio sulla stòria. Solo ai profeti è lècito un símile giudízio, ma un lavoro scientifico non è una profezia. Vediamo allora velocemente come il discorso sull'Inferno e sui Novíssimi si espresse e si esprime nella Liturgia, nella Catechesi e nella Spiritualità.

4.1. Nella liturgia e nella catechesi

La liturgia è particolarmente ricca di immàgini per sottolineare la vita nuova portata da Cristo e la liberazione dal potere delle tenebre e del Demònio, la cui esistenza e presenza non sono mai state messe in discussione o sottovalutate. Soprattutto la Settimana Santa, il rito del Battésimo coi suoi esorcismi[123] e quello dell'Unzione degli Infermi ne sono testimoni.

Ciò che emerge dai testi è il compimento di tutte le promesse di Dio nell'obbedienza del Fíglio, la miràbile redenzione e la vittòria su tutte le potenze del Maligno, con relativa liberazione. Le invocazioni e le intercessioni della Liturgia delle Ore del Tríduo pasquale ne sono prova, in modo speciale, insieme all'Innografia dell'Ufficio e al preconio della Vèglia di tutte le vèglie. Il testo latino, mèglio che le traduzioni, esprímono gli effetti della "felix culpa", per la quale il Redentore si incarnò, si diresse sulla croce per èssere crocifisso, e risorse: accettare di inserirsi nella sua morte e risurrezione è entrare nella salvezza «qua vita mortem pertulit / et morte vitam reddidit»[124]; che «praedam tulit tartari»[124], con la croce accettata per «portum praeparare /

[123] Ometto il Rituale degli Esorcismi, perché a partire dal 1614 si sistematizza e perché non fa altro che sviluppare gli esorcismi battesimali.
[124] Dall'Inno del Venerdí Santo "Vexilla regis prodeunt". *LO secondo il Rito Romano II, Tempo di Quaresima, Triduo pasquale e Tempo di Pasqua.*

nauta mundo naufrago»[125]. Il cristiano, come chiede nelle intercessioni della Domènica delle Palme[126], vuole «riconòscere l'ora della salvezza»; non vanificare il «prezzo della Sua passione»; «vívere in sintonia con lo Spírito» che gli è stato donato nel battesimo; «rivívere intimamente l'esperienza della passione», per «celebrare santamente il glorioso evento della risurrezione» e far riconòscere a tutti, con la pròpria vita, «la forza rinnovatrice della carità»[127].

Ciò che Cristo ha attuato, la Chiesa lo riconosce e mostra di desiderarlo sempre, chiedendolo, perché ciò che non si chiede si perde. Chi accetta di vívere la pròpria passione e morte, come accadde a Cristo nel "Mysterium miràbile"[127], questi conserva la giòia pasquale con la stessa vigilanza che gli impone la lotta della vita. Il suo desidèrio di perseverare è l'imperativo dell'Inno pasquale: «Esto perenne mentibus / paschale, Iesu, gaudium, / et nos renatos gratiae / tuis triumphis aggrega»[128].

La Chiesa prega ciò che crede, ecco perché « lavati dal peccato»[129] e rinati «alla vita nuova dei figlî» per mezzo del Battésimo, i nuovi credenti inseriti nel pòpolo di Dio e nel Corpo di Cristo, hanno bisogno di camminare, e crescere nella fede, nella comunità che li ha accolti, «perché la vita divina che ricevono in dono sia preservata dal peccato e cresca di giorno in giorno»[130].

Sàtana è stato vinto dalla passione, morte e risurrezione del Fíglio di Dio, e chi resta in Lui resta nella vittoria pasquale; ma come Angelo ribelle perverso e pervertitore resta vivo, operante e seducente; ragión per cui l'impegno cristiano preso col Battesimo a rinunciare a Satana, a tutte le sue òpere e a tutte le sue seduzioni[131], va rinnovato quotidianamente.

Il luogo e l'azione privilegiati di questo rinnovamento sono la liturgia e la preghiera.

---

[125] Dall'Inno del Venerdí Santo "En acetum, fel, arundo". *Ibidem.*
[126] Cfr LO II, p.372.
[127] LO II, 4ª intercessione del Giovedí della Cena del Signore, p.416.
[128] LO II, Inno latino dell'Ufficio delle Letture del Tempo di Pasqua, "Hic est dies verus Dei" p. 488. Ma la stessa strofa ritorna identica anche nell'Inno delle Lodi "Aurora lucis rutilat", p.490.
[129] Rito del Battésimo dei bambini, n. 62.
[130] *Ibidem* , n. 64.
[131] *Ibidem*, n. 65

La Catechesi battesimale, ovviamente, ricorda la traversata dal peccato e dalla schiavitú del Diàvolo alla liberazione e alla vita nuova; e cosí anche la predicazione[132], dandoci insieme al principio della salvezza comunitària quello della salvezza personale. La Chiesa che cèlebra e che prèdica i *Novíssimi* deve sempre tenere presenti i due aspetti. Nei Sacramenti prevale il primo aspetto, nel quale il soggetto si innesta come "parte" di un corpo; ma nella santificazione nel lavoro quotidiano si èsplica il secondo aspetto: quello della risposta personale alla chiamata che il Signore propone a ciascuno.

San Giovanni Pàolo II scrive a propòsito (con un velo di nostalgia per un mètodo impeccàbile e tuttora vàlido):

> «Ricordiamo che in tempi ancora non troppo lontani, nelle prèdiche durante i ritiri o le missioni, i *Novíssimi* – morte, giudízio, paradiso, inferno e purgatòrio – sempre costituívano un punto fisso del programma di meditazione e i predicatori ne sapèvano parlare in modo efficace e suggestivo. Quante persone fúrono indotte alla conversione e alla confessione da queste prèdiche e riflessioni sulle cose últime!
>
> Inoltre, bisogna riconòscerlo, questo stile pastorale era *profondamente personalistico*: "Ricòrdati che alla fine ti presenterai davanti a Dio con tutta la tua vita, che davanti al suo Tribunale porterai la responsabilità per tutti i tuoi atti, che sarai giudicato non soltanto sui tuoi atti e sulle tue parole, ma anche sui pensieri, persino i piú segreti". Si può dire che tali prèdiche, perfettamente corrispondenti al contenuto della Rivelazione dell'Antico e del Nuovo Testamento, penetràvano perfettamente nel mondo intimo dell'uomo. Scuotèvano la sua coscienza, lo gettàvano in ginòcchio, lo conducèvano alla grata del confessionale, avèvano una loro profonda azione salvífica»[133].

Fino all'Ottocento queste due direttrici rimàsero costanti, come mostra il successo dell'Apparécchio per la buona morte di sant'Alfonso dei Liguori, nonostante l'Illuminismo e il Positivismo. Nel Novecento inoltrato comíncia il silènzio.

Oggi, nonostante «la congiura del silenzio»[134] e i nuovi sostenitori

[132] Nel Medioevo s'insisté molto, nella predicazione, sul pericolo della dannazione. San Bernardino da Siena, il beato Matteo di Agrigento, san Giovanni da Capistrano e tutti gli ordini mendicanti fúrono molto attenti a richiamare le pene dell'inferno, nella società del loro tempo.

[133] Giovanni Pàolo II, *Varcare la soglia della speranza*, Arnaldo Mondadori Editore, Milano 1995, 215-216.

[134] Cfr S. Vitalini, *La predicazione del mistero dell'inferno*, in: "La Scuola Cattòlica" 99 (1971) n.3, 194; Giorgio Gozzelino dice che lo si guarda [l'inferno] «col distacco dubbioso e scèttico che si sperimenta dinnanzi allo schèletro di un mammut: animale che fu molto, anzi

dell'apocatàstasi[135], un suggerimento su come parlare del Aldilà ci viene da un sacerdote marsigliese:

« Un prete che non parla piú del Cielo lo ha lasciato da molto tempo.
Un prete che non evoca mai il purgatorio si priva di speranza.
Un prete che non dice una parola sull'inferno con la voce rotta dal pianto rende vano il suo ministero e forse anche lo stesso mistero della Croce»[136].

Riconòscere che l'Inferno c'è, è pieno di ànime ingannate dal Demònio e dalla propria "furbizia" o *fuga crucis*, è anche un invito a vincere la mediocrità e la tiepidezza; ad èssere eroi del vívere, perché pieni di consapevolezza della pròpria responsabilità di restare immàgine di Dio, come osservò Giovanni Toso[137]. Il mistero della Croce, quindi, lungi dal fare di Cristo un abbandonato dal Padre, va riletto come l'atto docente dell'umiltà salvífica: atto responsàbile, voluto, controcorrente e vittorioso che ci insegna come affrontare e superare la morte, vincendo l'Inferno che ci suggerisce un altro stile di vita.

Gesú, come nota Joseph Ratzinger, ci insegna in Sé stesso che

« il regno di Dio da lui promesso non consiste in mutate condizioni terrene (il che, secondo le nostre esperienze, significherebbe pertanto ben poco), ma esso esiste dentro l'uomo, il quale è stato toccato dal dito di Dio (Lc 6,35; Mt 5, 9-45). Il che – e anche questo è chiaro –

---

troppo importante ed imponente in altri tempi, e che ora, quasi per una vendetta della stòria, si è ridotto a un múcchio di ossa spolpate». G. GOZZELINO, *L'inferno eterno: una realtà incompresa e contestata*, in: E. QUARELLO (ed.), *Il mistero dell'Aldilà*, LAS, Roma 1979, 65.

[135] Si veda ad es. J. MOLTMANN, *L'Avvento di Dio. Escatologia cristiana*, Queriniana, Brèscia 1998, 278-284, con particolare attenzione alla nota n.245 di p. 282 e alla conclusione del ragionamento a pagina 284. Egli, che nelle pàgine precedenti ha parlato del senso della "Discesa agli ínferi" di Cristo come condizione esistenziale di dannazione e di maledizione (perché l'empio è l'abbandonato da Dio, il dannato; e Cristo diventa dannato per assúmere nella comunione trinitària la dannazione di tutti i presenti all'inferno e l'inferno stesso), il che esclude una discesa reale nell'"inferno"-luogo; con la sua Teològia della Croce e della speranza non solo ha fatto di Cristo un dannato, ma ha svuotato anche l'inferno, distruggèndolo. Consapévole dell'eresia che dice, nella nota 245 commenta: «Per me la concezione degli *Armeni* rimane valida – Cristo «*per suam passionem destruxit totaliter infernum* [mediante la sua passione distrusse totalmente l'inferno]», anche se la chiesa antica l'ha condannata. Cfr *DS* 1011».

[136] MICHEL-MARIE ZANOTTI SORKINE, *I tiepidi vanno all'Inferno. Piccolo trattato sul sale della vita*, Arnaldo Mondadori Ed., Milano 2014, 31.

[137] G. TOSO (ed.), *Cristiani con coraggio. Il nostro èssere cristiani oggi secondo san Cipriano*, Edizioni Paoline, Roma 1985, 437.

può avvenire soltanto attraverso la morte»[138].

Ciò non esclude la paura, ma la còlloca al giusto posto, quello della sapienza che viene da timor di Dio.

L'amore perfetto scaccia ogni paura di Dio e del castigo, ma credere di amare perfettamente il Signore è presuntuoso senza una sua rivelazione íntima, tanto quanto il pensare che a chi non lo ama non serva alcuno stímolo attraverso il timore. La liturgia lo insegna; i teòlogi cattòlici[139] lo affèrmano con incisività e forza; la spiritualità dei Santi, che vedremo nel paràgrafo successivo ne è ulteriore prova.

4.2. **Nella spiritualità**

Il mistero della Redenzione e della vita nuova in Cristo si fà esperienza nella vita dei redenti e questa esperienza risulta particolarmente fulgida in ànime oranti e d'azione.

Ciò ci dice due cose: «l'eternità dialògica» còmpie meravíglie in quelle ànime che piú conversano con Essa e non c'è salvezza dove non c'è preghiera.

Sant'Alfonso dei Liguori scrisse appunto un libello dal título significativo "*Conversare con Dio*": una sorta di anticàmera per il vero e pròprio trattato sulla preghiera che poi scrisse. In quest'último affermò a chiare lèttere: «chi prega si salva»; in quello ci ha insegnato, recuperando tutta la tradizione della Chiesa, che con Dio bisogna parlare, perché fà parte della nostra stessa natura.

La spiritualità, insomma, recupera quello che si diceva della natura dialògica dell'ànime, la cui immortalità dipende pròprio dal suo diàlogo costante col Verbo. In questo contesto il peccato si definisce come "morte", che è ben diversa dalla morte a sé stessi.

Già il Siràcide diceva: «In tutte le tue òpere ricòrdati della tua fine e non

---

[138] J.AUER-J. RATZINGER, *Escatologia morte e vita eterna*, Cittadella Editrice, Assisi 1979, 80. Sembra un paradosso o una contraddizione, ma l'emancipazione vera il cristiano sa che si trova nella morte a sé stesso; e la salvezza, nel modo in cui si vive pensando alla morte.

[139] Ad es. M. Richard conclude il suo artícolo enciclopèdico ammettendo: che «cette crainte est aujourd'hui nécessaire comme au temps de saint Chrysostome, de saint Césaire, de saint Pierre Damien, de Bourdaloue, parce que la nature humaine est au fond toujours identique…». DThC, V, 1, p.119.

cadrai mai nel peccato. » (Sir7,36) ; sant' Ignàzio di Loiola negli Esercizî Spirituali faceva eco che, se ancora non si è preposto l'amore eterno del Signore a ogni cosa, «almeno il timore delle pene [infernali] mi aiuti a non cadere in peccato»[140].

Il timore dell'inferno è ancora un grado iniziale di vita nello Spírito, ma resta anche nelle ànime piú avanzate un'ansia di salvezza per i peccatori, che si traduce in zelo apostòlico, e una vigilanza costante sulla propria perseveranza.

Le due vie, per la beatitudine e per l'inferno, non sono ovviamente paritarie, se Dio si impegna per la prima e ha combattuto e vinto il secondo[141]. Ma la paura, che non ha piú la totalità né il cinquanta per cento da rivendicare, deve tuttavia conservare lo spazio di riflessione che compete al potere che la libertà limitata ma intangibile dell'uomo ha.

La vita del credente sa contestualizzare il sacrificio del Crocifisso e l'amore di Dio, e proprio per ciò sa temperare e tenere insieme ascesi e docilità allo Spírito Santo e alle sue mozioni.

L'esperienza che Dio offre di Sé e dei suoi misteri ad ànime elette comprova, a vantàggio di tutta la Chiesa e non per la "certezza soggettiva" del santo beneficato, che redenzione universale e inferno si conciliano nel rapporto conciliato che c'è tra Misericòrdia e Giustízia, laddove la prima, invocata e illimitata, copre le mancanze piú gravi e brúcia nell'amore i peccati piú orrendi; la seconda, limitata dal tempo e illimitata quando la libertà dell'uomo còmpie il suo ultimo rifiuto, accetta il giudízio e còmpie il Giudizio.

Non si conta il numero dei santi[142] che vorrebbero tappare la bocca dell'inferno perché non ci finisca nessuno! La gràzia di qualche visione, a tal riguardo, talora è stata lo stimolo per preghiere e offerte piú intense.

Sono le preghiere di intercessione, le suppliche e le offerte di espiazione di

---

[140] IGNÀZIO DI LOIOLA, *Esercizî spirituali*, IV esercizio della I settimana, n.5. In: *Gli scritti di Ignàzio di Loyola a cura dei Gesuiti della Provincia d'Italia*, Edizioni AdP, Roma 2007, 215.

[141] Come ricorda la seconda invocazione delle Lodi Mattutine della Domenica delle Palme della Passione di Nostro Signore.

[142] Santa Teresa d'Avila, santa Caterina da Siena, santa Teresina, la beata Alessandrina Maria Da Costa, suor Maria Consolata Betrone, Marte Robin, ecc.

"ànime víttime", come le definisce la mística: persone che non solo prègano per la salvezza delle ànime, ma sèntono intimamente la necessità di farsi "víttime vicàrie" a vantàggio della conversione degli impenitenti; e parafúlmini che accòlgono su di sé ciò che esigerebbe la giustízia, per trasformarlo in misericòrdia.

Gesú a santa Maria Faustina Kowalska spiegò bene il rapporto tra Misericòrdia e Giustízia:

> «Ci sono delle ànime che disprèzzano le Mie gràzie e tutte le dimostrazioni del Mio amore; non vògliono ascoltare i Miei richiami, ma vanno nell'abisso infernale. La pèrdita di queste ànime mi procura una tristezza mortale. In questo caso, benché sia Dio, non posso aiutare in nulla l'ànime, poiché essa Mi disprezza; essendo libera mi può disprezzare, oppure Mi può amare»[143].
>
> «Desídero, desídero ardentemente la salvezza delle ànime. Aiútami, fíglia Mia, a salvare le ànime»[144].
>
> «Sappi che la gràzia della salvezza eterna di alcune ànime, all'último momento, è dipesa dalle tue preghiere»[145].

Con evidenza, l'universalità della salvezza raggiunge chi prega e coloro per i quali si prega. Nei battezzati, nei diversi stati di vita e vieppiú nella vita consacrata, la condizione che unanimemente si riconosce per èssere degni figlî nel Fíglio è la perseveranza: «chi persevererà fino alla fine sarà salvato» (Mt 10,22). Sant'Agostino scrive un intero trattato *Sul dono della perseveranza*, con gli occhî fissi alla morte e alle possibilità di cadere.

Mentre commenta l'orazione domenicale al passo «sia fatta la tua volontà in cielo e in terra», ci dà la distinzione fra "cielo" e "terra" come desidèrio dei credenti (=cieli) di vedere realizzata la vita celeste anche nei non ancora credenti (= terra). In questo passo, spiega l'Ipponate, ciò che per i cristiani è richiesta di perseveranza nella fede; per i non cristiani è richiesta di inízio della fede[146].

Per i peccatori e i non battezzati, dunque, sono sempre le preghiere a veicolare la salvezza: le pròprie o le altrui preghiere, suscitate o sorrette o

---

[143] M. F. KOWALSKA, II Quaderno, in: *Diario di santa Maria Faustina Kowalska. La Misericòrdia divina nella mia ànima*, L.E.V., Città del Vaticano [10]2006, n.580, p.384.
[144] III Quaderno, in: *ibidem*, n.1032, p.587.
[145] VI Quaderno, in: *ibidem*, n.1777, p.923.
[146] Cfr AGOSTINO DI IPPONA, *Il dono delle perseveranza*, 3, 6, NBA, XX, pp 308 e 310.

sostituite dalla preghiera della Chiesa, che confessa, cèlebra ed estende i beneficî della Víttima perfetta: l'Agnello di Dio che tòglie i peccati del mondo e per essi ha sofferto nella sua Passione e sulla Croce..

Penitenza e giòia, insomma, come morte e risurrezione, contínuano ad èssere la vocazione del credente perché si completi in lui quanto manca ai patimenti di Cristo (Cfr Col 1, 24).

Da redenti, in ultima anàlisi, il Signore ci spinge ad èssere píccoli corredentori, imitando la grande Corredentrice. « Siamo infatti collaboratori di Dio»! (1 Cor 3,9).

4.3. Maria Santíssima, l'icona della Redenzione che ha vinto l'Inferno

La piú grande Collaboratrice di Dio è stata e resta la Vergine immacolata, tant'è che il Concílio Vaticano II afferma che la Chiesa «ammira ed esalta in Maria il frutto piú eccelso della Redenzione» (SC 103). La Redenzione universale di Cristo ci ha raggiunti per la mediazione non necessària, ma cosí graziosamente e liberamente voluta e preordinata da Dio, di Maria.

La riflessione cattòlica sul Protovangelo, sui brani lucani e su quelli giovannei; la fede della Chiesa e le definizioni dommàtiche intorno alla Madre di Dio, Immacolata fin dal concepimento e Assunta in cielo senza vedere la corruzione, sono tutti argomenti che la Teològia, spècie nella sua branca mariològica e cristològica, ha per dire che il ruolo specialissimo di Maria nel disegno di salvezza di Dio la fà Vincitrice dell'Inferno. Ella, come Eva prima di èssere sedotta dal Demonio, non ha conosciuto il peccato originale; mèglio di Eva, ha custodito la sua relazione con la paternità di Dio, per mezzo del vincolo dell'ubbidienza e dell'umiltà; pur tentata come Gesú da Sàtana, non ha ceduto mai, come non cedette il Fíglio, alle sue lusinghe e proposte. Per questa fedeltà alla gràzia única ricevuta, per la sua purezza costante, è diventata madre del Fíglio, che, dice il Concílio Costantinopolitano II (nel 553), « prese carne dalla gloriosa Theotòkos e sempre vergine Maria».[147].

[147] Che la *lex orandi* dall'antífona mariana "Alma Redemptoris Mater" sa èssere «virgo prius ac posterius», dopo che nel 649 il Concílio Lateranense ne definí il parto senza corruzione e la

Il suo sí all'Àngelo è rimasto costante fin sotto la Croce, procuràndole, dopo il mèrito di dare il pròprio assenso e la pròpria carne al Salvatore, quello della sua costante fedeltà alla missione del Fíglio e dell'unione delle pròprie alle Sue sofferenze. Tutto ciò fa di Maria la Corredentrice per eccellenza, che dopo Dio non ha pari in tutto il paradiso e fra i santi di tutti i sècoli messi insieme. Modesto di Gerusalemme (VIII sec.) in una sua omelia sulla *Dormitio* scrive, infatti: « È stata trasferita nella Gerusalemme celeste quell'intemerata ed intelligíbile càmera nuziale, dalla quale procedette il Re dei sècoli, che discese per noi nella veste di soldato volgendo in fuga il nemico insieme ai suoi esèrciti»[148].

I frutti della redenzione di Cristo (Cfr LG 55) raggiúngono Colei che la prescienza di Dio aveva designato come Sposa dello Spírito Santo e in Sua virtú (Cfr DS 1880)[149] Madre del Fíglio «preventivamente». La preservano dal peccato originale (mentre noi siamo stati liberati da esso), ma la fanno pur sempre una creatura redenta come noi, che per questa redenzione speciale non smette di lodare e ringraziare: «L'ànime mia magnifica il Signore e il mio Spírito esulta in Dio, mio Salvatore» (Lc 1,47).

Su di essa il Demonio non ha avuto nessún potere fin dal concepimento, perché «nel primo istante del suo concepimento, per singolare grazia, Dio onnipotente... è stata preservata da ogni màcchia di peccato originale»[150]; e la sua fedeltà fino all'Assunzione, nella preghiera e nella cooperazione con Cristo, la fanno "Terrore dei demonî"[151], perché pur non promettendo niente nel suo battésimo preventivo, è stata fedele ad esso rinunciando sempre a

---

perpetua verginità. Cfr Mansi, 10, 1151-1152.

[148] Modesto di Gerusalemme, *Omelia sulla Dormitio*, in: G. GHARIB et ALII (edd.), *Testi mariani del Primo Millennio*. II. Padri e autori bizantini (VI-XI sec.), Città Nuova Editrice, Roma 1989, 126-127.

[149] Chi parla è Pàolo IV nella costituzione *Cum quorundam hominum* del 7 Agosto 1555.

[150] Pio IX, *Ineffabilis Deus*.

[151] Sviluppa il tema sant'ALFONSO MARIA DE' LIGUORI in: *Le Glorie di Maria del beato Alfonso de' Liguori divise in due parti ed in fine un'aggiunta di esempj scelti*, Parte prima, cap IV, § 2, Tipografia Boulzaler, Roma 1836, 112. « Maria vien chiamata terribile contro le potestà dell'Inferno, come un esercito ben ordinato: *Terribilis ut castrorum acies ordinata* (Ct 6,4). *Acies ordinata*, poiché sa ben Ella ordinare la sua potenza, la sua misericordia e le sue preghiere a confusione dei nemici e a beneficio dei suoi servi, che nelle tentazioni invòcano il suo potentíssimo soccorso».

Satana, radicàndosi in Dio. Maria, «recò il Bambino che afferrò il serpente» (Inno I, 13) dice sant'Efrem il Siro, e aggiunge che la devozione ad essa è la «carta della libertà» del credente, facèndole cantare, da cetra dello Spírito Santo quale fu: «Come il Sinai io ti ho portato/ e non fui incendiata dal tuo fuoco tremendo: / la tua fiamma non mi consumò»[152].

CONCLUSIONE

A conclusione della nostra disàmina sulla Redenzione universale di Cristo e il mistero dell'Inferno, è emersa l'importanza di recuperare alcuni dati biblici, e soprattutto patrístici, per non sopprímere escatologicamente il male, pur parlandone col linguaggio esistenziale del nostro tempo; per capire mèglio come la salvezza àbbia raggiunto e raggiunga continuamente tutti; per richiamare alla responsabilità speculativa, ma anche di testimonianza, chi ha il dovere teològico o di fede di annunciare la verità tutta intera, senza tagli o ingigantimenti fuorvianti.

L'artícolo di fede del Cristo *descensus ad Inferos* ha dato luce, nella lettura che ne dànno molti Padri e che abbiamo provato ad evidenziare, alla differenza che passa tra Ínferi e Inferno, giusti e dannati, accoglienza e rifiuto del Verbo, che con categoria ratzingeriana abbiamo chiamato «eternità dialògica».

L'«eternità dialògica» si è mostrata feconda nel raccògliere attorno a sé le risposte che al principio del seminario ci siamo posti: « Quale sorte è toccata a coloro che sono morti prima della venuta di Cristo? Quale la retribuzione di coloro che non l'hanno conosciuto dopo la sua venuta?»; ma anche altre come l'immortalità dell'ànime e il non annientamento dei dannati; la coscienza come voce del Verbo in tutti gli uòmini e la preghiera come mezzo di salvezza e di unione al Cristo conosciuto o ignorato.

L'accenno finale alla cooperazione del credente, non poteva non inserire Colei che è stata Corredentrice per eccellenza.

---

[152]S.Chr.137, 50.

Restano tuttavia aperti alcuni problemi:

1) Quello della morte “non naturale”, ma violenta di Cristo, l’Immacolato, perché riapre il discorso sul come sarebbe avvenuto, senza il peccato originale, un trapasso naturale dalla vita terrena alla vita eterna, con conseguente riflessione sul come si è verificata l’Assunzione di Maria.
2) Quello della comprensione della redenzione sulla Croce e per mezzo del «sangue», di cui nulla abbiamo detto, salvo un accenno alla penitenza.
3) Quello di conciliare meglio prescienza di Dio e umanità di Gesú nell’unica persona che soffre e muore sulla Croce[153].

---

[153] Punto di partenza per questa riflessione potrebbero èssere alcuni commenti ai Salmi e ai brani della crocifissione di sant’Agostino e anche C. BATTISTA DA VARANO, *I dolori mentali di Gesú nella sua Passione*, In: IDEM, *Le òpere spirituali. Nuova edizione del quinto centenario della nascita secondo i piú antichi codici e stampe e con aggiunta di alcuni inèditi a cura di GIÀCOMO BOCCANERA,* Edizioni Francescane, Jesi 2003, 148-152.

BIBLIOGRAFIA

1. Fonti
1.1. Fonti bíbliche

MERK Augustinus (ed.), *Novum Testamentum graece et latine*, Sumptibus Pontificii Istituti Biblici, Romae 1984.

Biblia Sacra Vulgatae editionis. Sixti V Pontificis Maximi iussu recognita et Clementis VIII auctoritate edita, San Paolo, Cinisello Balsamo (MI) 2003.

RAHLFS Alfred-HANHART Robert (ed.), *Septuaginta*, Deutsche Bibelgesellschaft, Stuttgart, 2006.

La Sacra Bibbia, CEI-UELCI, Noventa Padovana 2010.

1.2. Fonti patristiche

AGOSTINO d'IPPONA, *Il dono della perseveranza*, in: Opera Omnia di Sant'Agostino, *Grazia e Libertà II,* XX, Nuova Biblioteca Agostiniana – Città Nuova, Roma 1987, 298-401.

AGOSTINO d'IPPONA, *Commento al Salmo 21*, testo consultato su: www.augustinus.it

AGOSTINO d'IPPONA, *Epistola 102,* in: Opera Omnia di Sant'Agostino, *Le Lèttere I,* XXI, Nuova Biblioteca Agostiniana – Città Nuova, Roma 1987, 958-965.

CIPRIANO DI CARTAGINE, *Le Lèttere,* Edizioni Paoline, Alba 1979.

Efrem il Siro, *Inni*, in: SChr, 137.

FULGENZIO DI RUSPE, *De Fide, ad Petrum*, 38,79, in: PL 65, 704.

GREGORIO DI NISSA, *La grande catechesi*, VIII, 12, Città Nuova, Roma 1990.

IGNÀZIO DI ANTIOCHIA, *Al Filadelfiesi*, in SChr 10.

IGNÀZIO DI ANTIOCHIA, *Ai Magnesî*, in: SChr 10.

IRENEO DI LIONE, *Contro le eresie*, in: SChr 100.

I Padri apostolici, Città Nuova, Roma 1976

ORÍGENE, *Commento ai Numeri*, Omelia XVIII, n.4., in: PG 12, 717-718.

ORÍGENE, *In Iesu nave*, III, 5, in: PG 12, 841.

ORÍGENE, *I principî*, in: SChr 268.

ORÍGENE, *I principî*, UTET, Torino 2010.

1.3. Fonti di spiritualità

ALFONSO MARIA DE' LIGUORI, *Le Glorie di Maria del beato Alfonso de' Liguori divise in due parti ed in fine un'aggiunta di esempj scelti*, Tipografia Boulzaler, Roma 1836.

BATTISTA DA VARANO Camilla, *Le opere spirituali. Nuova edizione del quinto centenario della nascita secondo i piú antichi codici e stampe e con aggiunta di alcuni inèditi a cura di GIÀCOMO BOCCANERA,* Edizioni Francescane, Jesi 2003.

BRIGIDA DI SVEZIA, *Ciò che disse Cristo a santa Brígida. Le rivelazioni*, San Paolo, Cinisello Balsamo (Milano) 2002.

KOWALSKA Maria Faustina, *Diario. La Misericordia Divina nella mia ànime*, Libreria Editrice Vaticana, Città del Vaticano ^{10}2006.

IGNÀZIO DI LOYOLA, *Gli scritti di Ignàzio di Loyola a cura dei Gesuiti della Provincia d'Italia*, Edizioni AdP, Roma 2007.

LUBICH Chiara, *Il grido*, Città Nuova, Roma ^{6}2002.

1.4. Fonti liturgiche

Liturgia delle Ore secondo il Rito romano, Libreria Editrice Vaticana, Città del Vaticano 1989, voll I-IV.

Rito del Battesimo dei bambini, Libreria Editrice Vaticana, Città del Vaticano 1985.

PAOLO VI, *Missale Romanum*.

1.5. Documenti magisteriale

DENZINGHER-SCHÖNMETZER, *Enchiridion Symbolorum definitionum et Declarationum de rebus fidei et morum quod primum edidit Henricus Denzinger et quod funditus retractavit auxit notulis ornavit Adolfus Schönmetzer S.I.*, Herder, Romae 36MCMLXXVI.

Catechismo della Chiesa Cattolica, 11 Ottobre 1992, Libreria Editrice Vaticana, Città del Vaticano 1992.

BENEDETTO XVI, *Spe salvi.* Lettera enciclica sulla speranza cristiana, Libreria Editrice Vaticana, Città del Vaticano 2007.

Enchiridion Vaticanum, Documenti ufficiali della Santa Sede, Dehoniane, Bologna 1976 ss.

MANSI Johannes Dominicus (ed.), *Sacrorum Concíliorum nova et amplissima collectio*, Akademische Druck-U. Verlagsanstalt, Graz 1960-1961 (ristampa anastatica).

2. **Studî**

BAMONTE Francesco, *La Vèrgine Maria e il diàvolo negli esorcismi*, Paoline, Milano 2010.

CAVÀLCOLI Giovanni, *L'inferno esiste. La verità negata*, Fede & Cultura, Verona 2010.

DE ROSA Giuseppe, *Analisi critica di un singolare Saggio di Cristologia*, in: "Divus Thomas", 1986/198, 3-133.

FORTE Bruno, *Gesú di Nazaret, Storia di Dio, Dio della Storia. Saggio di una cristologia come storia*, San Paolo, Cinisello Balsamo (Milano) 1981

GALOT Jean, *La vittoria di Cristo sulla morte*, in: "La Civiltà Cattolica" 138 (1987), II, 118-131.

GUERRIERO Èlio, *Von Balthasar e Orígene*, in: "Communio" (1991), 123-134.

IACOANGELI Roberto, *Ànime ed eternità nel "De Isaac" di sant'Ambrogio*, in: S. FELICI (ed.), *Morte e immortalità nella catechesi dei Padri del III-IV secolo*, LAS, Roma 1984, 103-137.

Il demoniaco, in: "Communio"45 (1979). (numero monografico)

INGOLD Albert, "*Descente de Jésus aux enfers*", in: A. VACANT - E. MANGENOT - E. AMANN, *Dictionnaire de Théologie catholique, IV/1*, Librairie Letouzey et Ané, Paris VI ^{3}1924, 566-620.

La discesa agli ínferi, in: "Communio" 55 (1981). (numero monografico).

LANZETTA Serafino Maria (a cura di), *Inferno e dintorni. È possibile un'eterna dannazione? La verità escatologica dell'inferno e le sue implicazioni antropologico-teologiche*, Edizioni Cantagalli, Siena 2010.

LA ROSA Luigi, *La trasmissione della fede. Percorsi stòrici (secc. IV-XV)*, Coop. San Tommaso – Elledici, Messina – Leumann (Torino) 2009, 116-484.

MANCA Giuseppe (ed.), *La redenzione nella morte di Gesú. In diàlogo con Franco Giúlio Brambilla*, San Pàolo, Cisinisello Bàlsamo (Milano) 2001.

MARUCCI Corrado, *L'ànime e il suo destino secondo Vito Mancuso*, in: "La Civiltà Cattolica" (2008), I, 256-264.

MATEO-SECO Lucas Francisco, *Escatologia*, in: MATEO-SECO Lucas Francisco – MÀSPERO Giulio (edd.), *Gregòrio di Nissa Dizionario*, Città Nuova, Roma 2007, 251-263.

MOLTMANN Jürgen, *L'Avvento di Dio. Escatologia cristiana*, Queriniana, Brescia 1998, 278-284.

PETAVII Dionysii, *Dogmata theologica in sex tomos distribuita*, *De Incarnatione*, l. XIII, capp XVI-XVII, Apud Aloysium Pavinum, Venetiis MDCCXXIV, 190-199.

POZO Cándido, *Teològia dell'Aldilà,* Edizioni Paoline, Roma 1970.

PRINZIVALLI Emanuela, *Apocatàstasi*, in: MÒNACI CASTAGNO Adele (ed.), *Orígene Dizionario*, Città Nuova, Roma 2000, 24-29.

QUARELLO Eraldo (ed.), *Il mistero dell'Aldilà*, LAS, Roma 1979.

RATZINGER Joseph, *Escatologia morte e vita eterna*, Cittadella Editrice, Assisi 1979.

RATZINGER Joseph, *Introduzione al Cristianesimo,* Queriniana, Brescia ^{12}2003, parte II, 284-317.

RATZINGER Joseph – BENEDETTO XVI, *Perché siamo ancora nella Chiesa*, Rizzoli, Milano 2008.

RICHARD M., « *Enfer* » , in : VACANT Alfred – MANGENOT Eugène – AMANN Émile, *Dictionnaire de Théologie catholique*, *V/1*, Librairie Letouzey et Ané, Paris VI [3]1924, 28-120.

ROSSETTI Carlo Lorenzo, *Speranza universale e possibilità dell'inferno. Riflessioni per una Teològia ortodossa dell'Apocatastasi*, in: "Lateranum" (1999), LXV, 1, 131-137.

SABBIONI Luigi, *Giudizio e salvezza nell'escatologia di Hans Urs von Balthasar*, Istituto Propaganda Libraria, Milano 1990.

SCHEDL Claus, *Storia del Vecchio Testamento. IV – La pienezza dei tempi*, Edizioni Paoline, Roma 1966, 154-155.

TOMMASO D'AQUINO, *La Somma Teologica II* (I, qq. 14-26), Edizioni Studio Domenicano, Bologna 1987.

Verrà a giudicare i vivi e i morti, in: "Communio" 79 (1985). (numero monografico)

VITALINI Sandro, *La predicazione del mistero dell'inferno*, in: "La Scuola Cattolica" 99 (1971) n.3, 194

VON BALTHASAR Hans Urs, *Sperare per tutti con l'aggiunta di Breve discorso sull'Inferno*, Jaca Book, Milano1997.

VON BALTHASAR Hans Urs, *Teodramatica*, vol IV, Jaca Book, Milano 1982.

ZAVATTA Paola, *La teològia del Sàbato Santo,* Città Nuova, Roma 2006.

3. Altri testi

CHESTERTON Gilbert Keit, *Ortodossia*, Edizioni Martello su concessione della Morcelliana, Padova 1988.

GIOVANNI PAOLO II, *Varcare la soglia della speranza,* Arnaldo Mondadori Ed., Milano 1995.

TOSO Giovanni (ed.), *Cristiani con coraggio. Il nostro èssere cristiani oggi secondo san Cipriano*, Edizioni Paoline, Roma 1985

ZANOTTI SORKINE Michel-Marie, *I tiepidi vanno all'Inferno. Piccolo trattato sul sale della vita*, Arnaldo Mondadori Ed., Milano 2014.

INDICE

yes
I want morebooks!

Compra i tuoi libri rapidamente e direttamente da internet, in una delle librerie on-line cresciuta più velocemente nel mondo! Produzione che garantisce la tutela dell'ambiente grazie all'uso della tecnologia di "stampa a domanda".

Compra i tuoi libri on-line su

www.get-morebooks.com

Buy your books fast and straightforward online - at one of the world's fastest growing online book stores! Environmentally sound due to Print-on-Demand technologies.

Buy your books online at

www.get-morebooks.com

SIA OmniScriptum Publishing
Brivibas gatve 1 97
LV-103 9 Riga, Latvia
Telefax: +371 68620455

info@omniscriptum.com
www.omniscriptum.com

Printed by Books on Demand GmbH, Norderstedt / Germany

Printed by Books on Demand GmbH, Norderstedt / Germany